거듭나야 구원 있다

 모든 인간은 하나님의 형상을 닮은 존엄한 존재입니다. 전 세계의 모든 사람들은 인종, 민족, 피부색, 문화, 언어에 관계없이 존귀합니다. 예영커뮤니케이션은 이러한 정신에 근거해 모든 인간이 존귀한 삶을 사는 데 필요한 지식과 문화를 예수 그리스도의 사랑으로 보급함으로써 우리가 속한 사회에 기여하고자 합니다.

거듭나야 구원 있다

초판 1쇄 찍은 날 · 2012년 2월 15일 | 초판 1쇄 펴낸 날 · 2012년 2월 20일
지은이 · 멜린다 밀란 | 옮긴이 · 임신희 | 펴낸이 · 김승태
등록번호 · 제2-1349호(1992. 3. 31) | 펴낸 곳 · 예영커뮤니케이션
주소 · (136-825) 서울시 성북구 성북1동 179-56 | 홈페이지 www.jeyoung.com
출판사업부 · T. (02)766-8931 F. (02)766-8934 e-mail: edit1@jeyoung.com
출판유통사업부 · T. (02)766-7912 F. (02)766-8934 e-mail: sales@jeyoung.com

ISBN 978-89-8350-783-9 (03230)
ⓒ 2012 Melinda Millan
값 7,000원

* 잘못 만들어진 책은 교환해 드립니다.
* 본 저작물은 저작권법에 의하여 한국 내에서 보호를 받는 저작물이므로 무단 전재와 무단 복제를 금합니다.

거듭나야 구원 있다

요한복음 3장 7절

하나님의 영을 경험하는 방법

멜린다 밀란 지음 / 임신희 옮김

예영커뮤니케이션

You Must be Born Again
by Melinda Millan
Copyright©2012 Melinda Millan
Korean Translation Copyright©2012 Jeyoung
Communication Publishing House

이 책의 한국어 저작권은 저자와 독점계약한 예영커뮤니케이션에 있습니다.

들어가는 말

　지구상의 여러 대륙을 두루 다니며 복음을 전하던 우리 부부가 이해를 못할 일이 하나 있었다. 자신이 그리스도인이라고 주장하면서 성령의 일을 알지도 못하고, 하나님의 말씀을 이해하기도 어려워하는 사람들이 왜 그리도 많은지 그 이유가 궁금했다.

　한국에서 여러 해 동안 사역을 하는 중에 하나님께서는 우리에게 그 답을 주셨다.

　"네가 프랑스어를 모르면서 프랑스어로 쓰인 책을 읽을 수 있겠느냐?"

　"아니요!"

　하나님의 물음에 우리는 당연히 그렇게 대답했다.

　"그것은 성경도 마찬가지이다. 성경은 성령의 언

어로 쓰였으니, 네가 진정으로 거듭나서 성령충만해야 그것을 이해할 수 있단다."

그때 내게 성경 구절이 하나 떠올랐다.

"육에 속한 사람은 하나님의 성령의 일들을 받지 아니하나니 이는 그것들이 그에게는 어리석게 보임이요."(고전 2:14)

진리를 아는 일에는 다른 길이 없다! 내 속에서 영적 갱생의 경험을 하겠다는 선택을 하지 않는 한 성령의 언어를 이해하기는 불가능하다. 영적 갱생이란 다름 아닌 거듭난 사람이 되는 일이다.

이 책은 이미 성령 안에서 거듭난 사람에게도 좋은 정보가 될 것이다. 이 책은 자신의 구원에 대해 의문을 갖고 있는 사람에게 영적인 재탄생의 길을 알려줌으로써 그들을 격려하고자 썼기 때문이다.

이 책 『거듭나야 구원 있다(*You Must be Born Again*)』를 집필함으로써 이 세상의 모든 사람들이 그리스도를 향한 올바른 결단을 할 기회를 가지는 것을 바라보는 것이 우리 부부의 사명이라 믿는다.

"보라 지금은 은혜 받을 만한 때요, 보라 지금은 구원의 날이로다."(고후 6:2 중)

차례

☻ 들어가는 말　　5

제 1 장 당신은 거듭났는가?　　9

❖ 죄의 문제를 인정하라! ❖ 선택할 수 있다! ❖ 누구나 구원을 받을 수 있을까? ❖ 당신은 그럴 마음이 있는가? ❖ 한 가지 주의 사항! ❖ 등록 교인이 된 것으로 충분하지 않다!

제 2장 문제를 분별하라　　35

❖ 거짓 구원을 조심하라! ❖ 행위의 종교! ❖ 하나님이 도우신다 ❖ 거듭나지 못한 이들을 돌보라! ❖ 핵심 질문 두 가지 ❖ 통계를 보라!

제 3장 거듭남을 경험하라!　　61

❖ 인간이 만든 기술들 ❖ 니고데모와 새로운 탄생! ❖ 두 탄생 ❖

하나님의 초대를 받으라! ❖ 구원을 위한 기도를 하라! ❖ 새로운 삶을 살라! ❖ 구원받은 다음에는 어떤 일이 생길까?

☻ 결론　　93

제 1장 당신은 거듭났는가?

당신은 구원을 받았는가? 받지 못했는가? 대부분 꾸준히 교회에 출석하고 있다면 자신이 구원을 받았으리라 생각할 것이다. 하지만 그렇게 장담할 일이 아니다! 매 주일 아침마다 예배에 꼬박꼬박 참석하는 자칭 '열심 그리스도인'이라 해도 그가 구원받지 못할 가능성이 있다. 사실 나의 경우도 그리스도 안에서 영적인 갱생을 경험하기 전에는 그랬다. 하지만 그런 사람이 나 혼자만이 아니다. 교회를 다니는 사람들 중에 얼마나 많은 사람들이 예배당에 앉아서 자신이 진정 구원을 받았는지 궁금해 하는지 모르겠다!

나는 우리 가족들이 자신이 다니는 교회와 교리가 더 낫다는 주장으로 서로 다투는 모습을 늘 보면서 컸다. 우리 어머니는 가톨릭교도이셨고, 아버지는 성공회에 나가셨으며, 조부모님은 장로교 성도이셨다가 나중에 감리교도가 되셨다. 하루는 동생 자넷을 할머님이 데리고 가서서 몰래 장로교 목사님에게서 세례를 받게 하셨다. 그 목사님은 태어난 지 10일밖에 지나지 않아서 받은 세례로도 천국에 들어가는 보장이 된다고 장담하셨다. 누구도-그 목사님을 포함하여-하나님의 사랑이나 예수님을 따른다는 것과 거듭난 그리스도인이 되는 것이 어떤 의미가 있는 것인지 이해하지 못한 분들이었다.

먼저 나는 '거듭남'이라는 말은 어떤 특정한 교단이나 교파에 제한받지 않는다는 점을 지적하고 싶다. 당신이 출석하는 교회의 신조에 '거듭나다'라는 단어가 있는지 모르겠지만, 이와 상관없이 '거듭나라'고 하신 명령은 하나님의 말씀에서 찾을 수 있으며, 그분은 온 세계가 그 명령을 받아들이기를 절대적으로 원하신다.

"진실로 진실로 네게 이르노니 사람이 거듭나지 아니하면 하나님의 나라를 볼 수 없느니라." (요 3:4)

진실로 하나님은 그분 말씀과 성령의 능력을 통해 그 아들이라는 인간의 형태로 우리에게 자신을 드러내셨다. 이제 그 하나님 아버지는 하늘의 생명을 믿음으로 받아들이는 모든 사람들에게 심어 주실 복음을 인류에게 전하고 계신다!

상당수의 사람들이 평생 교회에 다니면서도 회개와 거듭남의 복음이나, 하나님은 죄를 미워하시고 지옥이라고 불리는 곳이 진짜 있다는 사실을 듣지 못하니 얼마나 슬픈 일인가. 진짜 중요한 사실은 이런 사람들은 천국에 들어가기 위해서 영적으로 거듭나야 함을 깨닫지 못하고 있다는 것이다.

이런 의문이 떠오를 수 있겠다.

"갱생이 무엇인가?"

"거듭난다는 것이 무슨 뜻일까?"

기독교의 일반적인 용어에서 갱생(regeneration)은 하나님의 태에서 태어나는 영적인 부활을 경험하는 것을 두고 말한다.

"자기의 뜻을 따라 진리의 말씀으로 우리를 낳으셨느니라."(약 1:18 하)

어떤 교회는 사람들에게 선택권을 주어 그냥 '그리스도인'이 되거나 아니면 '거듭난 그리스도인'이 되도록 선택할 수 있게 한다. 하지만 이런 일은 하나님 말씀의 증인들의 지지를 받지 못하는 주장이다. 거듭나지 않은 그리스도인이란 어불성설이다. 예수님께서는 이렇게 분명히 가르치신다.

"내가 네게 거듭나야 하겠다 하는 말을 놀랍게 여기지 말라."(요 3:7)

예수님은 더 이상 분명할 수 없을 정도로 단언하신다. 영적 갱생은 선택이 아니다. 그것은 성경을 왜곡할 여지를 남겨 두지 않으신 우리 구주의 명령이다.

그리스도인과 거듭난 그리스도의 차이는 같은 종교에서 갈라진 다른 형태가 아니다. 예수님은 '거듭나다'라는 말을 '그리스도인'의 경험의 특징임을 드러내시면서 그리스도인에게서 느껴지는 여러 맛 중에 한 가지 맛을 표현하는 것으로 사용하시지 않으셨다. 이러한 사실로 보면, 거듭남이라는 의미를 거부하면서 동시에 그리스도인이라는 주장은 절대로 불가능하다. 그것은 자신이 영적 갱생을 경험해 보지 못했다고 자인하는 것이나 마찬가지이다.

"만일 너희 속에 하나님의 영이 거하시면 너희가 육신에 있지 아니하고 영에 있나니 누구든지 그리스도의 영이 없으면 그리스도의 사람이 아니라."(롬 8:9)

죄의 문제를 인정하라!

이런 질문이 생길 수 있다.

"만약에 하나님이 사랑이시고 완전한 우주의 창조주이시라면, 왜 이 세상에 죄와 사망과 고난이 있으며, 죽을 수밖에 없는 인간이 다시 태어나야 할 필요가 생기는가?"

이 질문에 답하려면 첫 번째 사람 아담이 신의 명령을 거역함으로써 죄의 문제를 처음 낳게 된 에덴동산으로 돌아가야 한다.

어떻게 그런 일이 일어났는가? 하나님은 원래 완전한 사람을 위한 완전한 세상의 존재를 설계하셨다. 하지만 사람은 자신의 의지로 자기 자신을, 게다가 자신에게 맡겨진 세상까지도 덥석 사단의 손에 내어 주어 버렸다.

"그러므로 한 사람으로 말미암아 죄가 세상에 들어오고 죄로 말미암아 사망이 들어왔나니."(롬 5:12 상)

안타깝다! 아담의 죄가 첫 번째 사람에게는 풀지 못할 문제를 만들어 주었고, 이후 사람들을 벗어날 수 없는 영적 감옥 안에 가두고 말았다.

이야기를 좀 더 진전시켜 보자! 태초에 인간의 조

상이 된 인간이 가진 출산력은 그 이후의 모든 자손의 유전자에 영향을 미치게 되었다. 그래서 첫 인간의 죄는 그 자신에게만 영향을 미친 것이 아니라 훨씬 더 멀리 가게 되었다. 신의 관점에서 보자면, 에덴의 타락은 영적인 사망이 되는 아담의 죄 된 상태가 예외 없이 모든 인류에게 전달되게 되는 바이러스이다.

"이와 같이 모든 사람이 죄를 지었으므로 사망이 모든 사람에게 이르렀느니라." (롬 5:12 하)

이제 그림이 그려졌다. 아담의 후손인 우리는 죄인으로 세상에 태어나서 영적 사망이라는 저주 아래에 놓여 있기 때문에 아무리 노력해도, 아무리 선한 일을 해도 죄에서 구원을 받지 못한다.

"누가 깨끗한 것을 더러운 것 가운데에서 낼 수 있으리이까 하나도 없나이다." (욥 14:4)

우리는 벗어날 수가 없다! 임신이 되는 순간부터 태어나는 시간까지 우리는 이미 우리의 죄 된 속성으로 인해 선고를 받았고, 동시에 하나님의 영원하신 분노를 경험해야만 하는 처지로 살게 되었다.

"내가 죄악 중에서 출생하였음이여 어머니가 죄 중에서 나를 잉태하였나이다." (시 51:5)

하나님이 보시기에 우리는 모두 영적 탈락자로 태어났으며, 자신을 구원하기 위해 우리 스스로가 할 수 있는 일은 아무것도 없다. 우리 인간의 의로움이라는 것은 부당함과 사망 그리고 부패의 악취를 풍길 뿐이다.

"무릇 우리는 다 부정한 자 같아서 우리의 의는 다 더러운 옷 같으며 우리는 다 잎사귀 같이 시들므로 우리의 죄악이 바람 같이 우리를 몰아가나이다."(사 64:6)

절망적이기 그지없는 말씀이지만 하나님께서는 거듭나지 못한 사람들에게 이 말씀을 하셔야만 했다.

선택할 수 있다!

우리는 인생을 살면서 많은 일들을 겪어 왔고, 결혼과 직업의 선택과 같은 중요한 결정을 내려야 할 일들도 많다. 거듭남은 이런 일들만큼이나, 아니 일생에 겪을 그 어떤 일들을 뛰어넘는 가장 중요한 사건이다. 천국에서 그리스도와 함께하는 영원을 경험할 것인가, 아니면 그리스도가 없는 지옥에서 사단과 함께 영원을 경험할 것인가를 결정하는 것이 가장 기본이다.

구원의 경험, 그 자체는 한순간이다. 그것은 예수님께 내 삶의 주인이 되어 달라고 요청하는 진지한 결정을 하는 그 순간, 바로 한순간에 발생한다.

"누구든지 주의 이름을 부르는 자는 구원을 받으리라 하였느니라." (행 2:21)

어떤 인간의 대리자나 우주의 요소도 영적 갱생의 과정을 활성화시킬 수 없다. 영적 갱생은 하나님의 정수가 우리 안에 들어와 우리 인간의 정신이 성령의 공동의 본질(co-substantial nature)이 될 때 나타나는 하나님의 배타적이고 기적적인 능력이다.

"주와 합하는 자는 한 영이니라." (고전 6:17)

영적 갱생은 점진적으로 이루어지거나 기다리는 시간을 경험하지 않는다. 성령이 인간의 정신에 들어오는 바로 그 순간에 사람은 거듭나고 영적으로 갱생한다. 그것은 도덕적인 영혼의 변화를 통해 '선'하게 될 수 있다고 주장하는 세상의 다른 종교들의 신조와는 전적으로 구별된다. 세상의 종교들은 자아의 개선과 선한 도덕성에 기초를 둔다. 하나님에 관한 한 우리 인간의 사상, 형상 그리고 감정을 단순히 재입력한 정도로는 천국에 이르지 못한다. 하나님 나라의 잠긴 문은 예수님이 우리의 죄로 가득한 영을 갱생시키실 때 열린다.

"형제들아 내가 이것을 말하노니 혈과 육은 〈영원한 구원에 참여하지 못하고〉 하나님 나라를 이어받을 수 없고 또한 썩는 것은 썩지 아니하는 것을 유업으로 받지 못하느니라."(고전 15:50, 〈삽입〉은 저자)

누구나 구원을 받을 수 있을까?

모든 사람이 거듭날 수 있을까? 아니면 단지 선택된 일부에게만 해당되는 것일까? 회심의 축복은 일부 잘못된 가르침에서처럼 우리가 결정할 수 없는 저 멀리 있는 것이 아니다. 사도행전 2장 21절에서 베드로는 "누구든지 구원받도록 하나님이 선택한 자를 주님이 부르신다." 이렇게 말하지 않고, "누구든지 주의 이름을 부르는 자는 구원을 받으리라."라고 말했다.

당신이 구원을 받느냐 그렇지 못하느냐 하는 결정은 하나님에게 달린 것이 아니라 당신이 자신의 인생의 주인이 되어 달라고 그리스도를 초청하느냐에 달려 있다. 다시 말해서 우리의 구원 여부를 판단하는 선택은 주님이 하시지 않는다는 말이다. 오히려 주님은 구원의 방법을 증거 하심으로 전 인류에게 따뜻한 초청을 보내신다.

"혹 네가 하나님의 인자하심이 너를 인도하여 회개하게 하심을 알지 못하여 그의 인자하심과 용납하심과 길이 참으심이 풍성함을 멸시하느냐?" (롬 2:4)

진리가 우리에게 드러나고 나면 그 진리를 받아들이느냐 거부하느냐는 우리가 결정할 문제이다!

일부 교회의 위험한 이단 사상은 우리가 구원을 요청할 자격이 없는 존재라고 가르친다. 그들은 우리의 거듭남은 신(Deity)의 뜻이므로 우리는 그저 기도하면서 기다릴 뿐이라고 말한다. 그렇게 되면, 신은 먼저 우리가 '선택된 자들의 목록'에 있는지 결정하고

난 다음에 오셔서 우리의 영을 갱생시키실 것이며, 우리는 그제야 그분을 믿을 수 있게 된다고 한다. 만약에 우리가 그 구원 목록에 없다면 우리는 신의 의지가 생기기를 기다리며 평생 지낼 것이다. 이 우스꽝스런 주장은 전혀 성경적이 아니다! 그것은 사단의 계략으로서 자신의 구원 여부에 대한 하나님의 의지에 대해 불안감을 느끼도록 만들며, 결과적으로 사람들이 그리스도 안에서 갱생시켜 주시기를 간구하지 못하게 한다. 주일 신자들은 결코 일어나지 않을 일을 기다리고 또 기다리며, 평생을 허비하게 될 것이다. 이것이 바로 왜 오늘날 교회를 다니면서도 거듭나지 못한 사람들이 수백만이나 되는지에 대한 한 가지 이유이다.

"때가 이르리니 사람이 바른 교훈을 받지 아니하며 귀가 가려워서 자기의 사욕을 따를 스승을 많이 두고 또 그 귀를 진리에서 돌이켜 허탄한 이야기를 따르리라." (딤후 4:3~4)

인간을 하나님의 손끝에 달린 꼭두각시로 만들고 하나님을 그 꼭두각시를 조종하는 자로 만드는 거짓 교리에 속지 말라. 구원은 하나님의 결정권에 있는 것이 아니라, 어디에서 영원을 보낼 것인가를 결정하는 그분의 제안을 받아들인 것인가, 거절할 것인가를 우리가 결정하기에 달려 있다.

예수님이 소수 엘리트 집단의 죄 때문에 고난을 받으셨다면 그것은 좋은 소식이 아니다. 그분은 온 세상의 죄를 위해 죽으심으로써 인간에 대한 보편적이고 되돌릴 수 없는 속죄를 이루셨다.

"그는 우리 죄를 위한 화목 제물이니 우리만 위할 뿐 아니요 온 세상의 죄를 위하심이라."(요일 2:2)

하나님의 영원하신 사랑과 민족, 인종, 사회적 지위에 상관없이 모든 인간이 영적 갱생의 축복을 누리기를 원하시는 그분의 뜨거운 열정은 얼마나 광대하고 깊고 영원한가! 그러니 사도행전 2장 21절에서 하나님이 이미 드러내신 바, 우리가 구원을 받기를 원하시는 그것을 더 이상 기다릴 필요가 없다. 우리는 주님이 자신의 의지적 행동을 통해 도움을 요청하는 믿음을 보이는 모든 이들에게 구원의 손을 뻗치실 것임을 깨달아야 한다.

"오직 주께서는 너희를 대하여 오래 참으사 아무도 멸망하지 아니하고 다 회개하기에 이르기를 원하시느니라."(벧후 3:9 하)

"이것이 우리 구주 하나님 앞에 선하고 받으실 만한 것이니 하나님은 모든 사람이 구원을 받으며 진리를 아는 데에 이르기를 원하시느니라."(딤전 2:3~4)

바로 이 메시지를 주목해 보자. 하나님은 아무도 멸망하지 않고 모든 사람들이 구원 받기를 원하신다! 이렇게 가슴 뛰는 일이 있는가. 구원이 온 인류를 위한 것이라는 주제에 대한 오해를 불러일으키는 모든 구름을 걷어내는 말씀이다. 하나님은 다음의 성경 말씀에서 다시금 이러한 입장을 천명하신다.

"우리가 수고하고 힘쓰는 것은 우리 소망을 살아계신 하나님께 둠이니 곧 모든 사람 특히 믿는 자들의 구주시라."(딤전 4:10)

당신은 그럴 마음이 있는가?

분명이 신(Deity)은 우리가 누구이든 상관없이 거듭난 자가 되기를 원하는 '마음'이 있다. 하지만 하나님(God)은 우리의 선택에 반해 우리에게 강제하지 않으신다. 생각해 보라! 인간에게 완전한 자유-하나님의 의사에 반하는 행동을 할 자유까지도 포함하여-가 허락되지 않으면 그것은 인간의 자유에 대한 침해이며, 인간을 자신의 행동에 책임질 수 없는 꼭두각시이거나 로봇으로 만들 뿐이다.

우리는 기계적으로 작동하는 로봇이 아니라 여러 선택권을 가진 인간이다! 주님이 그런 선택권을 우리에게 주셨기에 스스로 선택할 수 있는 내적 자유는 선물이지만 그에 상응하는 책임을 가진다.

여러 선택안들 중에서 결정할 수 있는 자유에는 조건들이 따라 붙는다. 다시 말해 구원이 정당하게 우리에게 주어질 수 있도록 우리가 먼저 하나님 말씀의 메시지를 받아들여야 한다는 뜻이다. 거듭나지 못한 죄인에게 자신의 영원한 운명에 관한 선택을 하는 것은 어린이의 놀이처럼 가벼운 것이 아니라 삶과 죽음을 가르는 엄중한 문제이다.

"내가 생명과 사망과 복과 저주를 네 앞에 두었은즉 너와 네 자손이 살기 위하여 생명을 택하고"(신 30:19)

자신의 운명에 대해 절대적 '결정권자'인 우리는 필수적으로 그 결정과 판단의 결과를 이해해야 한다. 우리가 하나님의 진리를 거절할 수도 있기에, 하나님은 우리의 선택에 반하여 우리를 구원하지는 않을 것이다. 다시 말해 갱생은 결코 구원을 청하는 우리의 행위에 앞서지 않을 것이라는 말이다. 하나님은 사랑이시지만 그 사랑은 절대 우리의 의지적 선택을 위반하지 않을 것이다.

"사랑은… 교만하지 않으며 무례히 행하지 않으며"(고전 13:4~5)

이 모든 사실로부터 알 수 있는 것은 무엇일까? 하나님은 우리를 사랑하지만 우리의 선택과 다른 일을 하도록 팔을 비트시는 분이 아니시다. 따라서 신이 우리에게 제공하는 선물을 열망함을 그 신에게 보여 주는 것이 우리의 의무이다.

"이제는 왜 주저하느냐. 일어나 주의 이름을 불러 세례를 받고 너의 죄를 씻으라."(행 22:16)

사단의 술수에 속지 말라. 마귀는 우리가 그리스도 안에서 거듭나기를 원하시는지 하나님이 그 마음을 결정하실 동안 기다리라고 말한다. 야고보는 이렇게 경고한다.

"너희가 얻지 못함은 구하지 아니하기 때문이요."(약 4:2)

우리가 구원을 얻을 수 있는 것은 내가 예수 그리스도의 이름을 부르고, 하나님께 구원의 선물을 요청할 때 비로소 위에서 오는 영적 출생을 받음으로써 거듭나게 하시는 성령의 역사의 수혜자가 된다. 그것이 요한계시록이 다음과 같이 맺는 이유이다.

"듣는 자도 오라 할 것이요 목마른 자도 올 것이요 또 원하는 자는 값없이 생명수를 받으라."(계 22:17)

한 가지 주의 사항!

이런 사실을 알고 있다면 다행이지만, 잘못된 신조를 유지하기 위해 그 사실을 무시하기를 택할 위험이 있다. 인생은 예측불가하며, 천국으로 가는 표를 얻지도 못한 상태에서 언제 지상에서 영원으로 가게 될지는 모르는 일이기 때문이다. 이 일이 얼마나 황급한지를 알리고, 당신에게 즉각적인 행동을 촉구하기 위해, 다시 한 번 사도행전 22장의 메시지를 되새겨 보려 한다.

"이제는 왜 주저하느냐?" (행 22:16 중)

망설임은 인간의 가장 큰 적의 하나라는 말이 있다. 생각해 보라! 교회를 다니며 겉보기에는 그리스도인인 척하지만 영적으로 거듭나겠다는 결심을 하지 않는 한 그들은 신적 성품에 참예한 자들이 아니며 하나님에게는 '잃어버린 자'로 남게 된다.

그러니 독자들이여, 사단이 벨릭스 총독을 넘어지게 만들었던 그 덫에 빠지지 말라. 그는 구원을 내일로 미룬 사람이었다.

"수일 후에 벨릭스가 그 아내 유대 여자 드루실라와 함께 와서 바울을 불러 그리스도 예수 믿는 도를 듣거늘 바울이 의와 절제와 장차 오는 심판을 강론하니 벨릭스가 두려워하여 대답하되 지금은 가라 내가 틈이 있으면 너를 부르리라."(행 24:24~25)

지체하면 할수록 또 핑계거리만 생길 것이다!

영적으로 거듭나지 않은 사람은 하나님의 자녀라 여겨질 수 없으며, 법적으로 그리스도에 속한 자가 아니다.

"누구든지 그리스도의 영이 없으면 그리스도의 사람이 아니라."(롬 8:9 하)

성경은 사람이 거듭나서 하나님에게 속하기 위해서는 하나님의 영을 받아야 한다는 사실을 분명히 밝히고 있다. 결과적으로 하나님은 거룩하시고 하나님의 나라에서는 어떤 죄도 허용되지 않음을 알 때, 그분의 자녀가 아닌 사람들은 갱생하지 못한 상태에서 죽게 되고, 영원히 그분의 현존에서 멀어져 천국에 들어가지 못하게 될 것이다.

등록 교인이 된 것으로 충분하지 않다!

내가 자랄 때는 그리스도인이 된다는 것과 영적 갱신을 경험하는 것에 어떤 차이가 있는지 알지 못했다. 사실 그저 교회에 다니기만 했지 거듭나지 못했던 기간 동안에는 아무도 나에게 '거듭나야 한다'는 말을 해 주지 않았다. 그 대신에 나는 종교는 주류 교파의 교회에 등록해서 그 교파의 신조가 어떻든지 간에 그에 대해 충성을 고백하면 되는 것이라고 배웠다. 그 당시 나에게 구원은 교회 울타리 안에만 있으면 발견할 수 있는 것이었다. 그 이후 영적 경험에 대한 의문을 가지기 시작하면서 교파의 띠를 띠고 교인 등록증을 소유하는 것만으로는 천국에 가지 못한다는 것을 알게 되었다(물론 교회에 가는 것은 좋은 일이지만). 진정한 해답은 하나님의 구속하시는 사랑과 그분의 영원한 생명의 선물을 받아들이는 것에 있음을 나는 깨달았다. 그것은 오직 예수 그리스도를 통해 영적 재탄생을 경험함으로써만 가능한 일이었다.

구원받지 못한 대부분의 교회 사람들은 어떤 신조를 믿거나 지옥에 가는 것으로부터 구원받을 방법을 믿는 것으로 만족한다. 어떤 이들은 무거운 죄짐으로 좌절하고, 선해지려고 몸부림쳐 보지만, 결국에는 기독교를 포기하고 옆길로 새고 만다.

아마 이 문제의 가장 큰 위험은 '잘못 인도된' 신앙에 있을 것이다. 물론 가족이나 민족 혹은 교파로 인해 자신이 그리스도인이라고 잘못 알고 있는 개인도 있다. 다시 말해 많은 사람들이 자신의 기독 신앙의 고백을 실제로 자신의 죄를 회개하고 영적 갱신을 경험했느냐라는 사실에 두지 않고 있다.

"나는 어렸을 때 유아세례를 받았다."
"나는 그리스도인의 가정에서 자랐다."
"나는 매일 기도한다."
"나는 이러저러한 교회의 교인이다."

이처럼 잘못된 논리에 근거한다. 불행히도 이러한 경우가 압도적으로 많은 것이 이 시대 한국 교회의 상황이다. 그런 오류로 인해 그 수많은 사람들이 실제와 다르게 자신을 그리스도인이라고 착각하게 만든다!

당신의 배경이나 교회 소속만 가지고 당신이 그

리스도인이라고 생각하는 잘못을 저지르지 말라. 당신은 교회의 일원이 되었기 때문에 하나님의 자녀가 된 것이 아니라 하나님의 영적 가족으로 태어났기 때문이다. 영적 재탄생과 동떨어진 하나님의 자녀 됨은 있을 수 없다. 간단히 말해서 영적으로 거듭나지 않았다면, 진정한 하나님의 자녀가 아니라는 말이다.

생각해 보라! 어느 자녀든 그 아버지의 유전적 특성을 얻는다. 마찬가지로 첫 아담의 자녀로 태어난 인류는 필연적으로 죄와 악마의 특성으로 왜곡된 아담의 유전적 특징을 가지고 있다.

여기 쉬운 방정식이 하나 있다. 아담의 죄 된 본성의 아버지는 사단이므로, 타락한 죄의 본성에는 필연적으로 사단의 유전적 요소가 있다. 비록 듣기에 불편해도, 그리스도 안에서 영적으로 거듭남을 경험할 때까지는 우리는 악의 자녀로 남아 있게 된다!

이것은 단순히 우울증이 아니라, 현실 그대로이다. 모든 거듭나지 못한 죄인들-그들이 교회에 다니냐 하는 여부에 상관없이-은 사단을 그 아버지로 가지는 셈이며, 그 안에서 그들은 모두 친척이 된다(요 8:40~44; 엡 2:1-3; 요 3:8~10). 인본주의와 세상의 종교들이 주장하듯 인간은 선천적으로 선한 존재가 아니라 철저하게 악에 부패하였다는 점을 잊지 말라. 행위의 착하고 나쁨에 상관없이 오롯한 진리는 아무도, 단 한 사람도 의로운 이는 없다는 성경의 말씀이다.

"모든 사람이 죄를 범하였으매 하나님의 영광에 이르지 못하더니." (롬 3:23)

이는 다음 성경 말씀에서 더욱 증명된다.

"기록된 바 의인은 없나니 하나도 없으며 깨닫는 자도 없고 하나님을 찾는 자도 없고 다 치우쳐 함께 무익하게 되고 선을 행하는 자는 없나니 하나도 없도다. 그들의 목구멍은 열린 무덤이요 그 혀로는 속임을 일삼으며 그 입술에는 독사의 독이 있고 그 입에는 저주와 악독이 가득하고 그 발은 피 흘리는 데 빠른지라. 파멸과 고생이 그 길에 있어 평강의 길을 알지 못하였고 그들의 눈앞에 하나님을 두려워함이 없느니라 함과 같으니라." (롬 3:10~18)

로마서 3장에서 우리는 인간성의 진짜 그림을 본다! 죄인이 자신의 진실된 상태-영적으로 사망하여 하나님으로부터 분리되고 잃어버린 자가 되어 희망이 없고, 어둠의 사슬에 매인 자로서 완전히 타락한-를 철저히 알아야만 그는 거듭남을 경험할 열의를 갖게 될 것이다. 그러므로 단순히 교회의 교인이 되었다는 것으로 하나님의 자녀가 되었다는 널리 퍼져 있는 생각은 사단의 거짓이며, 잘못된 안정감으로 실제로 처한 위험에 관해 생각을 흐리게 만들어 사단의 희생자로 삼는다.

다음의 말씀을 당신의 마음속에 깊이 잠기게 하라! 교회의 교인인 것과 어린 양의 생명책에 적힌 자가 되는 것은 전혀 다르다. 하나는 당신을 계속해서 속이고 영적으로 잃어버린 자가 되게 할 것이며, 다른 하나는 어린 양의 피로 당신을 깨끗이 하여 하늘에 계신 그분의 현존으로 당신을 데려갈 것이다. 성경은 이 사실을 다음과 같이 증거한다.

"귀신들이 너희에게 항복하는 것으로 기뻐하지 말고 너희 이름이 하늘에 기록된 것으로 기뻐하라." (눅 10:20)

"누구든지 생명책에 기록되지 못한 자는 불못에 던져지더라."(계 20:15)

"무엇이든지 속된 것이나 가증한 일 또는 거짓말 하는 자는 결코 그리로 들어가지 못하되 오직 어린 양의 생명책에 기록된 자들만 들어가리라."(계 21:27)

구원은 그 이름이 한 기관의 장부에 쓰인 것에 달려 있는 것과 같지 않다. 천국은 직위, 교육, 소속, 부나 명예로 들어가는 것이 아니며, 거듭나지 못하여 어린 양의 생명책에 소속되어 있지 못한 이들은 그 천국에서 거주하지 못할 것이다.

인간의 신조와 전통에 속지 말라! 어떤 교리문답의 종교나 인간의 행사도 구원과 죄의 용서를 가져오지 못할 것이다. 예수님의 흘리신 피와 영적 재탄생을 받아들이고, 하나님의 진정한 역사를 받아들임에 의해서만 구원이 가능하다.

"예수께서 이르시되 내가 곧 길이요 진리요 생명이니 나로 말미암지 않고는 아버지께로 올 자가 없느니라."(요 14:6)

제 2장 문제를 분별하라

"그들이 은밀히 행하는 것들은 말하기도 부끄러운 것들이라. 그러나 책망을 받는 모든 것은 빛으로 말미암아 드러나나니 드러나는 것마다 빛이니라. 그러므로 이르시기를 잠자는 자여 깨어서 죽은 자들 가운데서 일어나라 그리스도께서 너에게 비추이시리라 하셨느니라."

(엡 5:12~14)

거짓 구원을 조심하라!

'천국의 거듭남'을 경험하는 것이 그토록 중요하기 때문에 지난 이천 년 동안 마귀는 교회가 이 교리를 가르치지 못하게 하려고 갖은 애를 쓰고 있다. 아무도 이 놀라운 영적 회심을 통과하지 않고 구원될 수 없는데도 말이다.

오늘날의 많은 기관들은 그 구성원들에게 영적 갱생을 가르치지 않고 그저 교회의 회원권과 친교 프로그램이나 제공하고 있다. 심지어 어떤 교회들은 영적 갱생을 강하게 부정하는 설교를 하기도 한다. 이건 놀랄 일이 아니다! 사람들이 거듭나지 못하게 방해하는 사단의 가장 성공적인 전략은 예전에 그렇고 지금도 여전히 기만과 혼란이기 때문이다.

"각 교회는 계속해서 새 계획과 프로그램, 그리고 활동을 짜내어 사람들이 '뭔가 하느라고' 바쁘게 만들어야 그 교회에 붙잡아 둘 수 있다고 생각하기 때문에 사람들은 늘 바쁘고 자기의 이익을 좇게 마련이다. 종교 세상에서 그런 교회는 '살아 있는' 교회로 알려지고, 그런 교회의 목사는 성공한 목사로 이름이 난다.

그런 집단의 목회자와 교회 지도자들에게는 영성과는 거의 상관이 없고, 교회란 단순히 '자신들이 교회라고 생각하는 것'을 행동하는 사람들의 자연적 집단에 불과하다."[1]

누구나 그리스도인들과 함께 지내는 것을 좋아한다! 많은 교회가 보여 주는 사랑과 따뜻함, 그리고 교우 간의 교제는 신앙이 없는 방문객에게도 유익하다. 모든 지역 교회는 진짜 그리스도인과 비그리스도인이라는 밀과 잡초가 뒤섞인 밭이다. 직원과 장로들이 있는 교회들 대부분이 그렇다. 많은 교회들이 사람들을 어떻게 많이 끌어 모을 것인가를 연구하지만 단순한 교인과 영적으로 거듭난 교인 사이에 깊은 차이가 있다는 설명을 할 시간을 가지지 않는다. 교리에 따라 그 중에 진짜 그리스도인들이 더 많은 교회가 있을 수도 있지만 그 반대도 가능하다.

교회에 다니고 있으니 '거듭났다'라고 생각하는 개인들에게는 커다란 차이점이 있다! 이런 사이비 그리스도인들의 특징적인 표식은 그 형태와 색채가 다양

---

[1] 제이 프레스톤 에비(J. Preston Eby), 『적 그리스도(*The Antichrist*)』, 킹덤 바이블 스터디즈.

하지만, 가장 두드러지는 점이 있다면 바로 그들은 교회 일에 활동적으로 참가하면서 '바쁘게' 지낸다는 점이며, 그런 그들은 동시에 영적 문제에 대해서는 관심도 적고 성경에 관한 이해도도 낮은 편이다. 하나님을 위해 매우 '바쁜'-마치 냄비와 프라이팬을 들고 있는 마르다처럼(눅 10:40~41)-활동을 하는 이유는 종종 자신의 선한 일을 통해 구원을 찾으려 하는 경우이다.

그래서 교회에서 선한 행위를 하는 이들은 자신의 일이 자신을 구원하게 만든다고 생각한다. 그들은 술, 담배를 하지 않고 거짓말, 절도, 도박을 하지 않는 도덕적으로 의로운 삶을 산다. 또한 그들은 각종 공과금을 잘 내고, 좋은 이웃이 되어 주며, 가난한 자를 돕고, 병든 자를 돌보며, 술과 마약을 멀리하고, 법에 거리낌이 없는 선량한 삶을 산다.

물론 이 모든 일들은 가치가 있으며 좋은 장점이 있다. 그러나 교회에 소속되어 행한 선한 일들이 얼마나 도덕적으로 감동적이고 자기희생을 하는 것인지를 떠나 천국으로 가는 길을 얻을 수는 없다.

"만일 은혜로 된 것이면 행위로 말미암지 않음이

니 그렇지 않으면 은혜가 은혜 되지 못하느니라."(롬 11:6)[2]

행위의 종교!

성경적 기독교를 제외한 다른 세상의 종교들-불교, 유교, 힌두교, 이슬람교-는 행위로 신에게 받아들여질 만한 존재로 자신을 만드는 제도를 주장한다. 기실, 대부분 종교의 신조는 그들의 규칙과 규정을 잘 따르고 선하다면 자신을 구원할 수 있다는 것이다.

아시아, 특히 한국의 전통과 문화를 구성하고 있는 종교인 불교를 예를 들어 보자. 불교는 당신 자신이 구원을 성취할 수 있는 유일한 수단이라고 본다는 의미에서 행위의 종교이다. 이런 제도에서는 예배와 계몽을 위해 신이나 창조주에 의지하지 않는다. 게다가 사단이나 죄, 지옥이나 구원을 위한 구세주가 필요

---

[2] 성경에서 '은혜'라는 단어는 '받을 자격이 없는 호의(unmerited favor)'를 뜻한다. 신의 은혜는 인간의 자격에 기초하지 않는 호의이다. 그것은 자기의 적인 행위들(예. 율법주의, 의례, 의식, 전통, 인간의 기술, 방법론, 공식 등)에서 뿜어져 나오는 정당화의 반대이다.

없다. 선한 행위를 함으로써 자신을 구원하는 것은 오롯이 당신의 능력에 기초한다. 자기통제와 개인적인 노력이야말로 불교에서 통하는 게임의 법칙이다!

이 책을 읽는 당신은 교회에 다니므로 불교를 믿지는 않겠지만, 불교적 사상이 워낙 한국 사회에 깊이 스며있기 때문에 당신은 부지불식 간에 자신의 구원을 위해서 기독교식의 행위 종교-거듭남의 경험이 필요 없는-를 추구하게 되기가 쉽다는 함정이 있다.

그러므로 당신이 하나님을 믿고 십계명을 믿고, 성가대에서 찬양을 부르고 있으며, 선하고 사랑이 많아서 다른 사람을 해치지 않는 교회생활에 적극적인 교인인지는 문제가 되지 않는다. 당신은 그리스도 안에서 영적으로 거듭나지 않은 죄인인 채로 있으면서도 이 모든 일들을 다 할 수가 있다!

하나님이 도우신다!

현대 기독교 시대에서는 마케팅과 사업체들이 그러하듯, 종교적 정신과 자아 존중이 두드러지는 기독교적 활동으로 그리스도를 대체하려는 강력한 유혹이 존재한다. 그것의 가장 치명적인 잘못은 영적으로 거듭난 존재가 되려는 종교의 자리에 그 자신의 장점을 통해 자신을 정당화하려는 인간의 종교로 대체하려는 것이다. 그런데 오늘날 이러한 기만이 얼마나 광범위하게 통용되고 있는지! 때로 그런 생각들은 서로 혼합되어 언뜻 보면 서로의 차이점을 구별할 수도 없다!

자아 성취에 관해 말해 보자면, 미국에는 "하나님은 스스로 돕는 자를 돕는다!"라는 대단히 유행하는 문구가 있다. 이 말이 교회에 어찌나 쉽게 파고들었는지, 많은 사람들은 그것이 마치 성경의 일부라고 믿는 양 따라 읊조린다. 인본주의적 관점으로는 '스스로를 돕는 사람을 돕는 하나님'이란 생각이 그럴듯하게 들리지만, 하나님이 직접 그렇게 이야기하시는 것을 들어본 적은 없을 것이다. 사실 오히려 사단이 주는 충고에 더 가깝게 들린다.

스스로 자신을 도울 수 있다면 하나님의 도움이 필요치 않을 것이라는 점을 염두에 두자! 생각해 보라! 죄와 심판의 사슬을 스스로 끊을 수 있다면, 예수님이 당신의 죄를 위해 고난을 받으시도록 보내신다는 것은 이치에 맞지 않는다. 사도 바울은 이 사실을 깨닫고 이렇게 말했다.

"미쁘다 모든 사람이 받을 만한 이 말이여. 그리스도 예수께서 죄인을 구원하시려고 세상에 임하셨다 하였도다. 죄인 중에 내가 괴수니라."(딤전 1:15)

오해하지 말라! 확대경을 대고 들여다 보면, '자조(self-help)'라는 사기는 성경 어디에도 찾을 수 없다. 그것은 불쌍한 희생자가 그리스도인의 업적(성취나 실패)이 천국의 문을 열거나 닫을 수 있다고 믿게 만들려는 마귀의 거짓말 이외에는 아무것도 아니다. 그 목적은 인간적 장점으로 자격을 획득할 만한 일을 하면 하나님의 호의를 얻게 될 것이라고, 그리하여 천국의 법정이 자기의에 기초하여 모든 심판에서 면제시켜 줄 것이라고 생각하게끔 사람들을 유인하는 것이다.

물론 아무리 노력해도 충분히 잘하지 못했다는 두려움과 죄책감은 늘 있는 것이다. 그리하여 그 죄책감은 천국에 갈 수 있을까라는 불안감을 만든다. 하지만 하나님은 좋은 소식을 가지고 계신다. 스스로의 힘으로 구원을 얻으려는 생각은 신약의 메시지에서는 찾을 수 없는 마귀의 뻔뻔한 거짓말이다. 성령은 성경에서 구원은 그 자신의 장점에서 오는 것이 아니라 하나님의 은혜로 오는 것이라고 분명히 말씀하신다.

"너희는 그 은혜에 의하여[3] 믿음으로 말미암아 구원을 받았으니 이것은 너희에게서 난 것이 아니요 하나님의 선물이라. 행위에서 난 것이 아니니 이는 누구든지 자랑하지 못하게 함이라." (엡 2:8~9)

에베소서 2장에서 "너희에게서 난 것이 아니요 하나님의 선물이라. 행위에서 난 것이 아니니"라고 강조하고 있는 점을 주목하자! 이 말씀은 인간이 자신의 성취를 통해 천국으로 들어갈 자격을 얻었음을 증명하려는 주도권을 인간에게서 빼앗아 버린다. 이제 분명히 하자. 하나님은 스스로 해낼 수 있다고 생각하지 않는, 아무 도움이 없는 자를 도우신다.

"우리가 아직 연약할 때에 기약대로 그리스도께서 경건하지 않은 자를 위하여 죽으셨도다." (롬 5:6)

---

[3] 앞서 우리는 성경에서 은혜는 "받을 자격이 없는 호의"를 뜻한다는 점을 주목했다.

주님은 죄와 영원한 저주에서 구원하시지만 거기에 우리의 도움을 필요치 않으신다. 너무나 분명해 오해할 수 없는 사실은 우리가 스스로를 도울 수 없는 존재임을 그분이 아신다는 것이다.

우리는 영적으로 죽은 존재이며, 그 자신을 구원하기 위해 아무것도 할 수 없는 죽은 자이므로, 전적으로 무기력하다.

"내 모든 고통을 두려워하오니 주께서 나를 죄 없다고 여기지 않으실 줄을 아나이다. 내가 정죄하심을 당할진대 어찌 헛되이 수고하리이까. 내가 눈 녹은 물로 몸을 씻고 잿물로 손을 깨끗하게 할지라도 주께서 나를 개천에 빠지게 하시리니 내 옷이라도 나를 싫어하리이다."(욥 9:28-31)

그러므로 성경은 우리 안에는 죄와 영적 사망의 결과를 상쇄할 어떤 능력도 없다고 가르친다. 이 문제를 보는 관점에서 우리의 유일한 의무는 내 힘으로는 나 자신을 구원할 수 없다는 무능력과 죄인인 비참한 상태를 깨닫고, 우리가 스스로 할 수 없는 그 일을 하나님께서 하시도록 허락하는 것이다. 그때 우리는 우리의 의지가 담긴 행동을[4] 함으로써 믿음을 행사하고 구원의 선물을 요청해야 한다. 그 이후에 발생하는 중생의 과정은 모두 하나님에게서 온다.

"나를 떠나서는 너희가 아무것도 할 수 없음이라."(요 15:5 하)

거듭나지 못한 이들을 돌보라!

주님께서 성경에서 구원의 과정을 아주 쉽게 설명하셨지만 타락한 인류는 자연스럽게 자기 의에 빠져서 영적 갱생의 필요를 깨닫지 못한다.

어떤 사람들은 그래도 자신은 천국으로 가는 대열에 끼어 있으며, 하나님께서는 결국에는 자신의 선한 행위로 악한 행위를 상쇄해 주실 것이고, 운이 좋으면 들어가도록 허락받을 수도 있다는 희망을 가진

---

[4] 의지적 행위와 믿음을 행사하는 것으로도 하나님 앞에서 우리를 의롭고 칭찬받을 만하게 만들지는 못한다. "우리를 구원하시되 우리가 행한 바 의로운 행위로 말미암지 아니하고 오직 그의 긍휼하심을 따라"(딛 3:5) 그러므로 예수님을 믿겠다는 우리의 의지는 우리의 비참하고 무기력한 상태에 대한 인식이며, 하나님의 구원 축복을 받기를 원하는 열망일 뿐이다. 다시 말해 신이 그리스도 안에서 우리를 재창조하시도록 허락하는 '우리의 의지'의 선택이며, 다른 아무것도 아니다!

다. 이런 기만 끝에 그들은 이렇게 결론짓는다.

"물론, 나는 천국에 갈 거야! 내가 살인이나 도둑질을 한 것도 아니고, 그래도 상당히 선한 사람에 속하잖아. 명성 있는 교회의 교인인데다, 일주일에 두세 번은 예배를 드리고 게다가 내가 할 수 있는 한 재정적인 도움도 줬잖아."

이런! 그러한 추정은 그것 자체로도 성령에 죄를 짓는 일이며, 하나님을 신뢰하는 것이 아니라 인간 자신의 힘을 신뢰하는 것이다.

"또 주의 종에게 고의로 죄를 짓지 말게 하사 그 죄가 나를 주장하지 못하게 하소서."(시 19:13)

이 점에서 우리는 스스로에게 이렇게 질문해 보아야 한다.

나는 거듭났는가?
영적 갱생의 경험을 했는가?

교회의 많은 사람들-거듭난다는 것이 무슨 의미인지 모르는 사람들-가운데 이와 같은 질문을 받게 되면 자동적으로 "네"라고 자신 있게 말하기도 하는 사람이 있는 반면에 약간의 죄의식을 가지고 당황하기도 한다.

하지만 그들 마음속 깊은 곳에서는 이 중요한 주제에 대한 대답에 자신이 없어 한다. 구원의 확신이 있는 거듭난 그리스도인에게는 의심의 먹구름이 한 자락도 없다.

나는 당신에게 기독교 목회에 관계하고 있는지, 교회에 등록하였는지, 십일조를 하는지, 선교 후원을 하는지, 기도회에 참석하는지, 사도신경을 외우며, 성경이 하나님의 영감으로 된 것이라고 믿는지를 묻지 않았다는 점에 주목하라. 목회자들과 교인들 중에는 이런 조건을 갖추었어도 아직 거듭나지 않은 사람들이 많다!

분명 이런 일이 일어나는 데에는 이유가 있다! 그들은 교회에서 기대하는 그런 사회적이고 전통적인 표준에 맞추어 행동하기에 겉으로만 변화할 뿐이며, 내면은 결코 바뀌지 않았다.

C. S. 루이스는 회심에 관해 하나님이 죄인들에게 어떤 기대를 하시는지를 이렇게 잘 설명한다.

"나에게 모든 것을 달라. 나는 네가 가진 돈이나 네 일을 원하는 것이 아니다. 나는 너를 원한다. 나는 네 본성적 자아를 괴롭히러 온 것이 아니라, 그것을 죽이러 왔다. 적당주의는 아무짝에도 쓸모없다. 나는 여기저기 잔가지 치기를 원하는 것이 아니다. 내가 바라는 것은 나무를 통째로 쓰러뜨리는 것이다. 나는 썩은 이를 긁어내거나 그 위에 덮어씌우려는 것이 아니라 아예 뽑아내 버리고자 한다. 네 본성적 자아를, 네가 악하다고 생각하거나 순수하다고 생각하는 모든 열망을……. 그 겉치레를 나에게 넘겨다오. 그 대신 나는 네게 새 자아를 주겠다. 아니, 나는 내 자신을 너에게 주고자 한다. 나의 의지가 너의 것이 되리라."[5]

핵심 질문 두 가지!

여러 해 전부터 나는 교회 친구들에게 그들이 거듭났는지를 묻기 시작했다. 나중에는 다른 교회에서 마주치는 사람들에게도, 또 공공장소에서 자신이 그

---

5 C.S. 루이스, 『인간성을 넘어서』, *Beyond Personality*

리스도인이라고 말하는 사람을 만났을 때에도 같은 질문을 했다. 하지만 그런 질문을 할 때에도 고전적인 방법인 "당신은 구원을 받았습니까?"라는 질문은 일부러 삼갔다.

실제로는 "아니오"라고 대답해야 하는 대부분의 경우에도 그들이 "네"라고 대답할 것을 미리 알았기 때문이다. 그런 함정에 빠지지 않기 위해서 나는 정중하고 예의 바른 태도로 다음과 같은 핵심 질문을 했다.

"예수님이 당신의 삶에 들어오신 때를 기억합니까?"

"당신이 어떻게 구원을 받았는지 간증해 주실 수 있습니까?"

정중함과 친절한 자세를 갖춘다면 이런 접근법이 자신이 거듭났는지 아닌지 알아내도록 돕는 가장 효과적인 방법이라고 믿는다.

이렇게 질문을 던지면 사람들에게서 진정한 답을 얻을 수 있다. 그런데도 내가 무슨 말을 하는지조차도 모르는 사람들도 많다는 것이 얼마나 놀라운 일인지!

"그런 말은 들어본 적이 없어요!"

"교회에 무슨 특별반이 있나요?"
"그건 신흥 종교이거나 새 교파가 아닌가요?"

의외로 사람들은 다양한 대답을 했다. 내가 영적 재탄생의 경험을 효과적으로 증거 할 기회를 갖게 되는 것이 바로 이 지점이다.

내가 거듭남의 경험을 물어보면 어떤 이들은 당황한다. 그들에게 그리스도에게 헌신한 때를 기억하느냐고 물으면, 많은 이들이 기분 나빠 하면서 이렇게 말한다.

"무슨 말씀이신지요? 우리 부모님도 그리스도인이시고, 저도 평생을 교회에 다녔습니다. 나는 주일학교 교사로 봉사했다가 나중에는 신학교를 다녔고 기독교 상담학을 전공했습니다.

현재 저는 선교단체의 이사회 일원임과 동시에 교회 위원회 세 군데에 소속이 되어 상당히 바쁘게 지내고 있습니다. 게다가 아프리카와 인도에 병원을 개원하고 병든 자들을 도와주기 위해 단기 선교도 몇 번이나 다녀왔습니다!"

이러한 사실들이 그들을 대변한다고 생각하는

가?[6]

순진하고 분별이 없는 사람은 처음 이런 말을 들으면 상당히 깊은 인상을 받을 것이다! 불행히도 사람들은 자신도 깨닫지 못하면서 예수님이 아닌 다른 무엇인가로 자신을 하나님께 추천할 수 있는 것을 찾으려 한다. 앞서 말한 이야기에서 이 사람은 예수 그리스도를 주님으로 또 구주로 받아들였으며, 그분의 영적 재탄생의 경험을 했다고 말하지 않았음을 유의하라. 그 대답들은 여전히 영적으로 거듭나지 못한, 속고 있는 교인들의 전형적인 반응이다. 여기서 우리는 하나님께서 성경에서 하신 말씀을 더하거나 빼는 완벽한 예를 발견한다. 그것은 인간의 행위만으로 그분에게 다가갈 수 있다는 가정이다.

"마음에 가득한 것을 입으로 말함이라." (마

---

[6] 많은 교인들에게 전형적인 집단주의(자기 스스로 결단하기 어려워하는 불안감)가 그들의 일상생활이다. 많은 아시아 국가들에게 일반적인 샤머니즘적 영향으로 그들은 예수님이 그분의 말씀으로 주신 것이 아닌 그들 주변에게서 확신을 얻고, 그 신조, 문화, 전통에서 자신의 정체성을 찾는다. 소속감을 가지려는 지나친 욕구로 인해 그들의 사회적 체계와 친구가 믿음의 체계를 결정짓는 중심이 되고, 그들에게 중요하게 된다. 전통을 추종하느라 바쁘고, 그 전통을 결정짓는 사람들에게 맞추느라 바쁜 이런 사람을 주변에서 쉽게 찾을 수 있을 것이다. 그들은 자신을 앞으로 나아가게 하는 하나님의 말씀을 받아들이기보다 그 일을 우선한다. "너희의 전통으로 하나님의 말씀을 폐하는도다." (마 15:6)

12:34 하)

인간은 자신의 목적과 자아중심적인 삶에 맞는 신을 지어내기를 좋아한다.

진짜 그리스도인은 구원에 관한 질문을 받으면, 자신의 업적이나 그리스도를 위해 했던 선한 행동의 포트폴리오를 들이댈 필요가 없다. 그들은 즉각 처음 예수 그리스도를 개인적으로 만났던 그 순간을 상세히 말해 줄 것이다. 일생에서 가장 중요한 결정이었던 거듭남의 기억은 결코 잊을 수 없다.

그렇다! 거듭남은 우리 존재의 성격과 특성을 변화시키는 '인간 정신'의 전적인 혁명으로 생생하게 기억될 사건이다. 그 사건은 우리가 믿고, 생각하고, 느끼며 영적인 일들과 관련한 활동을 하는 방식에 영향을 미치게 된다.

이유는 분명하다! '영적 사망에서 영원한 생명'으로 가는 길은 새 골프 코스를 개발하거나 헬스장을 바꾸는 일과는 비교도 할 수 없이 귀중하기 때문이다. 날 때부터 그리스도인이었노라고 말하는 사람이 자신이 거듭난 순간을 기억하지 못한다면, 결과적으로 그는 영적 갱생을 하지 못했을 가능성이 많다!

안타깝다! 자신의 존재를 그저 정신적, 육체적 노력을 성취하는 것에 제한하는 사람들은 일생에서 가장 중요한 일인 '거듭나는' 존재가 되는 일을 간과한다. 그들의 어두워진 정신에는 이 거듭남의 경험이란 것이 너무 광신적이고, 지나치게 비논리적이며, 인간의 능력에 반대되며 모욕을 주는 경험으로 들릴 것이다. 종종 그런 이들은 하나님이 그리스도 안에서 그들을 위해 어떤 일을 하셨는지 그리고 그분이 그들에게 어떤 기대를 하시는지 듣지만, 그분의 말씀이 자신에게 무슨 말을 하는지는 알아듣지 못하기 때문에 결국 자신의 상상과 전통을 통해 해석하다가 오해하게 된다.

그리스도의 명령에 무관심하여 '교회 장의자'에 앉아 있기를 선택한 사람들은 자신의 선택이 얼마나 위태한 것인지 알아야 한다.

"너희가 하나님의 계명은 버리고 사람의 전통을 지키느니라. 또 이르시되 너희가 너희 전통을 지키려고 하나님의 계명을 잘 저버리는도다." (막 7:8~9)

통계를 보라!

"매주 주일 오전에 교회에 출석하는 성인의 절반은 거듭나지 못했다."

미국 기독교 연구가인 조지 바너(George Barna)는 미국교회의 우려스러운 실상을 밝혀냈다. 그는 또 자신이 그리스도인이라고 밝힌 사람들 중에 상당수가 반드시 거듭난 것은 아니라고 지적하며, 이런 집단이 주일 신자의 다수를 구성하고 있다고 염려한다.

"보통 주일에 교회에 출석하는 성인의 41퍼센트는 거듭나지 않았다. 비록 전체 교인의 숫자는 가톨릭교회보다는 상당히 많지만, 개신교 신자의 삼분의 일은 거듭나지 않았다."

또 바너는 이렇게 덧붙인다.

"이런 사람들 대부분은 몇 년씩이나 교회에 나가지만 기독교 신앙의 기초와 그 신앙이 개인에게 의미하는 바를 제대로 이해하지 못하고 있다. … 전국적으로 대단한 예외들이 있긴 하지만 전체적으로 기독교 목회는 깊은 수렁에 빠져 있다. … 성경에서 하나님께

질타를 받는 것으로 묘사된 라오디게아교회와 사데교회처럼 자기만족과 영적 사망에 질식해 있다. 미국에는 너무 많은 그리스도인과 교회들이 공허한 의식과 영악한 방법론과 생각 없는 행위들을 위해 영적 열정을 포기해 버렸다."[7]

바너의 결론은 이에 앞서 보도된 CCC의 창설자이자 50년간 그 단체의 회장으로 있었던 빌 브라이트(Bill Bright)의 결론과 유사하다.

"우리의 조사에 의하면 미국 기독교 신자 일억여 명 중 오십 퍼센트가 넘는 주일 신자들이 자신의 구원에 대한 확신이 없다."

당신은 이렇게 물을지 모르겠다.

"어떻게 교회를 다니면서도 성경적 회심에 관한 진리, 새로운 탄생에 필수인 그 진리를 모를 수 있단 말인가?"

여기에는 간단한 대답이 가능하다. 사단이 잃어버린 자들에게 거듭남의 진정한 의미를 깨닫고 이해하도록 가르치지 못하도록 교회 체제를 가로막고 있기

---

[7] 조지 바너, 『영적 열정을 잃어버린 교회』, (*Churches Lost Their Spiritual Passion*)

때문이다. 그 대신 교회들은 이 핵심적인 교리를 알지 못하는 구원받지 못한 사람들의 정신과 마음을 거짓 교리와 전통의 가르침으로 채우게 하여 성령에 의해 회심하고 하나님의 자녀로 탄생하지 못하게 한다.

한국의 상황도 다르지 않다! '교인의 거듭나지 못함'이라는 문제는 단지 미국에만 국한된 일이 아니다. 나는 지난 여러 해 동안 한국에서 선교사로 지내며 그와 유사한 상황이 여기에도 있음을 알게 되었다. 한국은 아시아에서 기독교인의 비율이 가장 높고 기술력이 뛰어난 국가이다.

많은 한국 사람들이 교회와 하나님의 일들에 익숙한 환경에서 자라난다. 영아와 걸음마를 하는 유아기 때부터 이들은 자신이 자라난 주변 문화의 믿음을 받아들인다. 그들 중 일부는 세례를 받고 교회의 일원이 되어 주일학교에 다니기 시작한다. 이런 자격 조건들에 기초하여 생각한다면, 그들은 모두 그리스도인들이다! 하지만 외부적인 모습에 현혹되지 말라! 자세히 살펴보면 많은 교인들이 자신이 거듭났다고 생각하고 있지만 실은 영적으로는 여전히 중생하지 못한 채

'기독교화된', 아니 '교회화된' 것일 뿐임을 알 수 있다.

다음의 사실들을 간과하지 말라! 남한의 수천 명의 명목 그리스도인들이 교회화의 폐해를 입고 있다. 그들은 주일마다 예배를 드리지만 거듭난 자라는 표시는-여기서 이야기하고 있는- 아무것도 없다. 영적 갱신을 경험했느냐는 질문을 받으면 그들은 머리를 흔들며 이렇게 말한다.

"아, 저는 기독교 가정에서 자랐어요. 제가 기억하는 한 저는 평생 그리스도인으로 살아왔습니다."

"저는 지역사회에 활동적인 교회에 소속이 되어 있습니다. 자원봉사활동을 하면서 가능하면 많은 프로그램에 참석하려고 하지요. 그러니 저는 그리스도인이라고 생각합니다!"

다시 분명히 말하겠다! 기독교의 외적인 특징을 가지고 있기에 당신이 기독교적 분위기에서 양육되었다고 말할 수 있지만 그것은 상관없다. 십일조를 내고, 기도를 드리고 이타적인 활동을 하거나 장로로 섬기거나 목회자로 교회를 이끄는 일을 한다면 그것은 당신을 매우 엄격한 종교주의자로 만들어 줄 수 있다. 그렇지만 좋은 교인, 존경받는 목회자나 위대한 신학자라는 사실은 중요치 않다. 거듭나지 못했다면, 이러한 일들이 천국을 보장해 주지 않을 것이다.

마찬가지로 구원은 부모님들에게서 유산으로 물려받을 수 있는 경험이 아니다. 아버지, 어머니, 혹은 조부모님이나 증조부모님이 모두 그리스도인이라고 해서 자동적으로 당신이 그리스도인이 되지는 않는다. 하나님의 가족에 손자라는 혈통은 없다. 중요한 것은 당신이 그분의 아들을 당신의 구주로 받아들이는 영적 재창조가 있었는지의 여부이다.

"영접하는 자 곧 그 이름을 믿는 자들에게는 하나님의 자녀가 되는 권세를 주셨으니 이는 혈통으로나 육정으로나 사람의 뜻으로 나지 아니하고 오직 하나님께로부터 난 자들이니라."(요 1:12~13)

교회화를 진짜 회심이라고 여기는 경우가 자주 있다. 그것이 바로 대적이 그 기만적 노예 상태를 영속하기 위해서 사람들로 하여금 믿게 만든 것이다. 기독교의 원리를 배우고 교회의 정기적 활동에 참여한다는 것으로 영적 재탄생을 대체할 수 없다. 교회화는 교묘한 속임수이다! 그것은 사람들이 천국으로 가는 길을 확보했다고 오해하게 만든다. 실제로 그들과 세상의 잃어버린 자들 사이에는 큰 차이점이 없는데도 말이다!

앞서 지적했듯이 나도 역시 복음의 진정한 메시지를 이해하지 못한 어린 시절에는 교회화된 사람에 불과했다. 문제는 여러 해 동안 한 교파에 속해 있었고, 예수님께 기도했으며, 예수님을 사랑했었는데도 불구하고 그분께 내 마음에 들어오셔서 나와 함께 거하시도록 요청한 적이 없었다는 점이다! 나는 그리스도에게 복종하여 영적으로 거듭나게 되기 전까지 35년 동안을 중생하지 못한 교인으로 살았었다.

다른 많은 사람들처럼 나도 주류 교파에 속했기 때문에 천국에 갈 것이라고 믿었다. 내가 이해하는 한 나는 분명 그리스도인이었다. 하지만 가슴 깊은 곳에서 나는 여전히 그리스도의 내주하시는 임재에 대한 확신이 없었으며, 죽음을 두려워하고 부활과 천국에 대한 소망이 없었다.

이제 정리해 보자. 우리는 '어떻게 진정한 그리스도인이 될 수 있는가'라는 중요한 주제를 두고 상당한 논의가 있었음을 보았다. 어떤 이들은 여러 해 동안 교회에 나가고 있지만 예수님께 자신의 삶에 오셔서 자신들을 구원해 달라는 개인적인 결단을 해 보지 못했다. 또 많은 사람들이 이전에 이 주제에 관해 들어보지 못했거나 부적절하게 소개를 받는 통에 정확하게 이해하지 못한다.

우리는 복음의 진리를 이해하고 그 진리에 전심으로 응하기 전에는 영적으로 거듭날 수 없다. 우리를 하나님에게서 갈라놓고 있는 걸림돌은 이제 제거되었으며, 우리는 하나님 그분이 거주하실 '거룩한 성전'이 되었다.

다음 장에서 우리는 이 하늘의 축복을 어떻게 맞아들일 수 있는지를 설명할 것이다.

"진리를 알지니 진리가 너희를 자유롭게 하리라."(요 8:32)

제 3장 거듭남을 경험하라!
거듭남의 의미

인간이 만든 기술들!

앞의 1장과 2장에서 우리는 거듭남의 경험은 도덕적 선행이나 사회적 재교육을 통해서 이루어질 수 없다는 것을 공부했다.

훌륭한 도덕성은 완벽해지기 위해 노력하는 외적 형태이지만 사람들은 자주 내적 삶과 혼동한다. 어떤 사람들은 교회가 기대하는 특정 종교적 표준에 맞추기 위해 외면적으로는 변화하지만, 깊은 내면은 전혀 바뀌지 않는다. 그래서 자신의 삶을 개선하고자 노력해도 거듭나지 못하면, 실상이 아닌 자신의 모습을 자신이라고 생각하는 기만에 빠지게 된다. 사람에게 필요한 것은 개혁이 아닌 갱생이다.

교회 모임에서 사람에게 필요한 것은 약간의 방향 조정과 적절한 신학적 교육, 직책과 학위, 그리고 좋은 그리스도인으로 만들어 줄 약간의 격려라고 종종 듣는다. 익숙하지 않은가? 자, '거듭남'이란 종교 스타일과 헌신을 뒤집은 '새 잎' 만들기가 아니라는 점을 말하고 싶다. 그것은 기독교 도덕성의 르네상스가 아니며, 기독교 교리와 기독교라는 종교에 대한 충성과 유사한 것도 아니다. 그것은 아담의 타락을 통해 잃어 버렸던 신적 삶을 다시 도입하는 것이다.

한 개인은 하나님 영의 충동에 민감하게 될 때 새로운 탄생을 하게 되고 이를 통해 인간의 정신에 신적인 삶이 적용된다.

인간적인 방법론들과 인간이 만든 기교들을 익히느라고 당신의 시간을 낭비하지 말라. 가장 나쁜 생각은 내가 하나님을 도울 수 있다는 것이다. 성경에서 하나님은 인간의 공식이 들어맞지 않을 것이라고 분명히 말씀하고 계신다.

"만군의 여호와께서 말씀하시되 이는 힘으로 되지 아니하며 능력으로 되지 아니하고 오직 나의 영으로 되느니라."(슥 4:6)

그렇다! 하나님은 우리의 죄 된 방법들과 영적 사망의 결과를 다룰 지적 프로그램이 필요하다고 말씀하지 않으신다. 혼동하지 말라! 지적 능력을 강화하기 위하여 아무리 많은 돈을 교육에 쏟아부어도 영적 사망자의 문제를 해결하지 못할 것이다. 인간의 수단으로 이런 변화를 가져오려는 노력은 무의미하다. 그것들은 오히려 종종 사람들이 그 마음과 정신이 여전히 변화하지 않은 상태에서도 회심했다는 인상을 불러일으킨다.

우리의 죄 된 영적 상태로 인해 문제는 외부적인 포장을 바꾸는 데에 있지 않고 내면의 본성을 바꾸는 것에 있음을 명심하라. 하나님은 영이시므로, 우리는 그분과의 의미 있는 관계를 가지기 위해서는 그분의 영적 특성을 소유해야만 한다.

"하나님은 영이시니 예배하는 자가 영과 진리로 예배할지니라."(요 4:24)

생각해 보라! 만약 우리가 영적으로 죽은 채 태어났다면, 우리는 하나님과 분리된 상태이며, 그런 상태에서는 그분과 진정한 교제를 누릴 수 없다. 당신이 어떤 일을 하든, 인간의 육적 본성은 성령과는 배치되기 때문에 영적 문제에 유익하지 않다.

"육체의 소욕은 성령을 거스르고 성령은 육체를 거스르나니 이 둘이 서로 대적함으로"(갈 5:17)

인간이 타락하게 된 뿌리는 무엇일까? 태초의 타락의 때 이래로 그리스도 안에서 거듭나지 못한 모든 아담의 후손들은 영적 사망의 상태에 있다. 그런 중 생하지 못한 상태에서는 영적 고사를 겪게 된다! 정신적, 육체적 수준에서 기능하지만 영적으로는 '죽어' 있기 때문에 영적 역기능에 빠진다. 그런 이에게는 육적인 삶은 있지만 영적인 삶은 없다. 우리의 영혼이 육적인 일은 이해하지만, 영적 일을 이해하기 위해 필요한 영적 삶은 없는 것이다.

그 이유는 분명하다. 물로 세례를 받고 오직 육적인 인간의 전통을 통해서만 회심을 겪은 사람은 그 육에 의해 제한을 받는다. 그것은 영적 사망이라는 한계에 종속될 수밖에 없다. 갱생을 겪지 못한 상태는 영적 일을 향유할 수 있는 방으로 들어가는 문에 자물쇠를 걸어 둔 것이다. 더 심하게 말하면 하나님의 임재를 막는 자물쇠가 잠긴 것이다!

영적 본성을 찾기 전에 먼저 인간의 영적 특성을 되살리고 갱생시키는 일을 해야 한다. 사람이 성령의 활동을 경험할 수 있기 위해서는 우선 인간 정신에 하나님의 삶을 받아야 한다. 그 둘은 어느 것 하나 없어서는 안 된다. 그래서 그렇게 영적 갱생이 절실해진다. 오로지 거듭나야 삶이 새로워지고, 성령의 영역에서 활동할 수 있게 한다.

일단 이런 문제를 잘 인식하고 나면 더 이상 하나님에게 가까이 가기 위해 외적 치장을 갖추고자 인간적인 노력을 할 필요가 없다. 당신에게 필요한 것은 새로운 탄생의 축복과 예수님을 당신의 구주로 받아들임으로써 그저 주어지는 의[8]이다.

"내가 너희에게 이르노니 너희 의가 서기관과 바리새인보다 더 낫지 못하면 결코 천국에 들어가지 못하리라." (마 5:20)

니고데모와 새로운 탄생!

하나님 나라에 들어감을 이야기하자면, 유대인 지도자인 니고데모가 그 전형적인 예로 사용될 수 있겠다. 요한복음 3장에서 우리는 은혜에 의한 구원을 대변하는 예수님과 유대교, 즉 인간의 노력에 기초한

---

[8] "한 사람의 범죄로 말미암아 사망이 그 한 사람을 통하여 왕 노릇 하였은즉 더욱 은혜와 의의 선물을 넘치게 받는 자들은 한 분 예수 그리스도를 통하여 생명 안에서 왕 노릇 하리로다." (롬 5:17)

종교를 대변하는 니고데모의 비교를 발견한다.

"그런데 바리새인 중에 니고데모라 하는 사람이 있으니 유대인의 지도자라. 그가 밤에 예수께 와서 이르되 랍비여 우리가 당신은 하나님께로부터 오신 선생인 줄 아나이다. 하나님이 함께 하시지 아니하시면 당신이 행하시는 이 표적을 아무도 할 수 없음이니이다."(요 3:1~2)

니고데모는 바리새인으로 존경받는 학자이자 선생이요 대단한 명성을 누린 열정적인 사람으로서 율법과 그 종교적 의무를 준수하는 데에 자긍심을 가진 대제사장에 속한 인물이었다.

니고데모는 사회적 표준에 의거해 자신에게 필요한 모든 것을 갖추었고, 사람들에게서 뿐 아니라 신에게서도 완전한 승인을 얻어 낼 필수 자격을 소유했다. 그는 유월절을 기념했으며, 기도를 했고, 십일조를 드렸으며, 금식하고 희생제물도 가져오고, 안식일을 지키고 일주일에 칠 일을 율법을 지키기 위해 노력했다.

하지만 그런 외적인 완벽성을 갖추려는 니고데모의 열정에도 불구하고 그것들은 자아 성취와 선한 행위에 기초한 것이었기에 아담의 죄에서 물려받은 영적 사망의 저주를 씻을 수 없었다.

"내가 눈 녹은 물로 몸을 씻고 잿물로 손을 깨끗하게 할지라도 주께서 나를 개천에 빠지게 하시리니 내 옷이라도 나를 싫어하리이다."(욥 9:30~31)

니고데모는 자신이 영적으로 타락한 상태에 있으며, 죄와 사망 그리고 부패에 물들어 있음을 이해하지 못했다.

오늘날 이 시대의 많은 교회들이 그러하듯, 바리새인들의 특징은 그 자신의 의를 세우기를 구하는 이들이었다. 그들은 자신의 행위에 근거해 의롭다고 평가하는 자신들의 교리와 전통을 믿었다. 이 단 한 가지 요인만으로도 니고데모는 그 '행위'로 하나님 나라로 들어가는 자격을 얻기에 부적절하다. 그는 자신을 종교성으로 포장했으나 하나님과의 교제를 하지는 못했다. 그래서 우리 주님은 다음과 같은 말씀을 하셨다.

"예수께서 대답하여 이르시되 … 사람이 거듭나지 아니하면[9] 하나님의 나라를 볼 수 없느니라 … 사람이 물과 성령으로 나지 아니하면 하나님의 나라에 들어갈 수 없느니라 … 내가 네게 거듭나야 하겠다 하는 말을 놀랍게 여기지 말라." (요 3:3, 5, 7)

오호라! 예수님이 "네가 거듭나야 하겠다"라고 명령하신 당사자는 어떤 사회 부적응자나, 마약중독자, 범죄인이나 알코올 중독자가 아니라 종교적이고 율법을 잘 지킨 사람이었다. 도덕적 선량함을 지녀서 자신이 의롭다고 생각하는 사람들은 거듭날 필요를 깨닫지 못한다. 그들은 알코올 중독자나 도둑, 살인자나 사기꾼, 혹은 마약 중독자와 같은 사람들만이 거듭날 필요가 있다고 생각한다.

요한복음 3장 3~7절은 그리스도의 가르침 중에

---

[9] 니고데모는 행위의 종교에 속했기 때문에, '거듭나다'라는 말을 들었을 때 즉각적으로 자신의 힘으로 무엇인가를 성취해야 한다는 생각을 했다. 그는 새로운 탄생은 하나님의 기적적 능력을 통해서만 이루어질 수 있는 영적 변화라는 점을 깨닫지 못했다. 선량하고 의로운 바리새인이 그렇듯, 그는 너무 자신이 있어서 자신이 선물을 받을 충분한 자격을 갖추었다고 느꼈다. "니고데모가 이르되 사람이 늙으면 어떻게 날 수 있사옵나이까, 두 번째 모태에 들어갔다가 날 수 있사옵나이까?"(요 3:4) 오늘날 자신의 전통과 노력을 통해 구원받기 위해 애쓰는 교회에는 많은 니고데모들이 있다. 슬프게도 그들은 자신을 천국으로 데려가지 못할 행위의 종교를 믿고 있다.

서 가장 오해가 되고 있는 부분 중의 하나이다. 우리 주님은 이 말씀에서 오해하거나 문맥을 거스르기가 불가능한 신성한 조건을 제공하신다. 그분은 사람은 거듭나지 않고는[10] 하나님 나라를 보거나 그 나라로 들어갈 수 없다고 공공연히 말씀하신다!

그리스도께서 이렇게 가르칠 때에 하나님 나라를 어느 누구나 들어갈 수 있는 곳으로 묘사하고 계심을 주목하자. 하지만 3절에서 7절에 이르기까지 '거듭나다'는 조건은 우리가 하늘나라의 영광에 참예할 수 있게 하는 절대 사전요건으로 소개된다. 이 규칙에 예외는 없다. 그것은 중생이 필요한 교회 밖의 사람들에게만 적용되는 것이 아니라, 하나님의 담장 안에 있어도 영적 갱생이 필요한 이들에게 적용된다. 거기에 교회 장의자에 앉아 있는 교회 지도자들도 포함되는 것은 당연하다!

이것이 우리에게 의미하는 바는 무엇일까? 이 세상에 태어난 것이 우리에게는 첫 출생이고, 그것은 누구도 선택이 허락되지 않는다. 하지만 하나님은 우리

---

[10] '거듭나다'에 대한 그리스어는 '위에서 태어나다'라는 뜻도 있다. 위에서 태어난다는 말은 영적으로 하늘에서 태어나거나 하나님의 영에서 태어난다는 의미이다.

에게 두 번째 출생을 선택할 수 있는 권리를 주시고, 그분과 함께 새로운 삶을 시작하도록 하신다.

삶이 어떻게 전개될지는 누구도 알 수 없다! 영적 갱생을 하지 못한 사람들은 젊거나 늙었거나, 교인이거나 아니거나 언제나 영원으로 불려가 전능하신 하나님의 목전에 서야 할 때가 온다.

"사람이 만일 온 천하를 얻고도 제 목숨을 잃으면 무엇이 유익하리요, 사람이 무엇을 주고 제 목숨과 바꾸겠느냐."(마 16:26)

당신은 무엇과 영혼을 바꾸겠는가? 좋은 도덕성, 교회 직분, 권력, 세상의 소유물과 부(富)로도 그렇게 하지 못할 것이다! 하나님은 단지 그리스도의 피에만 관심이 있으시다. 그래서 우리의 몸이 숨쉴 공기가 필요한 것처럼 하나님에게는 우리의 영적 탄생이 필수이다. 우리는 준비되어야 한다. 만약 천국에 들어가고 싶다면 다른 선택이 없다. 물론 거부권을 선택하고 그리스도가 없는 영원으로 가게 되는 결과로 고통을 받게 되더라도 말이다.

두 탄생!

영적 회심이 어떤 것인지 모르는 교회와 조직들이 많다. 새로운 탄생을 가져오는 데 절대적으로 필요한데도 말이다. 예수님은 거듭남이란 의미를 이해하기 위해서 먼저 두 가지 탄생이 있음을 알아야 한다고 알려 주셨다. 첫 출생은 우리를 자연 세계로 태어나게 하는 것이며, 두 번째 탄생은 하나님의 영적 세계에 들어가는 것이다.

그러면 '첫' 탄생은 무엇인가? 사람이 태어나면 아기는 물리적 존재인 육으로 태어난다. 물리적 탄생은 놀라운 일이다. 갓난아기보다 더 사랑스러운 것은 없다. 아기는 순수하고 깨끗하며 순진하다. 그렇지만 보기에 순진해 보여도 이 아기는 그 아버지와 어머니로부터 물려받은 세상의 부패 씨앗을 가지고 태어난다. 모태에서 출생한 아기는 육으로 태어나는 것이다. 그런 상태에서 아기는 죄에 종속된 세상에 의해 조정을 받는 육욕적인 존재이며, 그 인간의 정신에는 하나님의 영이 빠져 있다.

"육으로 난 것은 육이요."(요 3:6절 상)

이 말씀은 육체로 태어날 때 우리의 영은 죽은 상태라는 뜻이다. 다시 말해 우리는 하나님은 없이 마귀의 특성을 가지고 태어난다.[11]

육체적으로는 탄생했지만 영적으로는 사망한 것이다. 이는 일부 종교주의자들과 자기 의에 찬 사람들에게는 모욕적으로 들릴 수도 있지만, 사람들이 '영적으로' 거듭나야 하는 이유는 우리 모두가 영적 사망의 상태에서 죄인으로 태어나기 때문이다.

"아담 안에서 모든 사람이 죽은 것같이"(고전 15:22)

'두 번째' 탄생은 전혀 다른 탄생으로, 위에서부터 오는 영적 탄생이다. 거듭남은 죄에서 잉태된 우리

---

11 아담의 타락 이후, 세계 역사의 어떤 사람도 하나님에게서 나지 않았다. 이에 대한 단 하나의 예외가 우리 주님 예수 그리스도(두 번째 아담-고전 15:45)로 그분은 하나님으로부터 천국에서 하나님으로 오셨다. 첫 번째 아담은 인간의 원형으로 죄된 선택을 하는 인류 전체를 대변한다. 다시 말해, 아담에게서 작동된 죄와 사망의 결과는 그 개인에게만 한정된 것이 아니라 온 인류에게 집단적으로 적용이 되었다. 율법적으로 말하자면 아담의 죄는 그의 "영적 의지" 속에 있는 유산으로 전 인류에게 전해진 유전되는 죄이다. 이런 죽을 수밖에 없는 타락으로 모든 태어날 인간은 사단의 법적 후계자가 되고 첫 아담과 공동 상속자가 될 운명이었다. 그래서 모든 인간은 천국을 보려면 거듭날 필요가 있다!

의 첫 번째 탄생과는 반대되며, 구분되는 것이다. 이 새로운 탄생은 영적인 면에서 살아 있는 존재로 특징 지어지는 영적이고 거룩한 하늘나라의 탄생이다. 예수님은 이 주제를 아주 단순하게 설명하신다.

"영으로 난 것은 영이니"(요 3:6 하)

다시 말해 오렌지 나무에서는 오렌지를 거두는 것과 마찬가지로 성령에게서는 영적 열매를 얻을 수 있다.

이리하여 '두 번째 탄생'이 이루어진다! 첫 아담이 범죄를 하였을 때 우리는 하나님에 대해 죽었고 영적 사망이란 저주를 통해 사단에게 탄생하였다. 이런 불명예를 뒤집기 위해 우리는 두 번째에는 '성령'에 의해 영적으로 거듭나야 한다. 우리가 그리스도를 구주로 받아들임으로써 사단에 대해 죽는 과정이 필요하고, 그리하여 하나님의 자녀로 다시 태어나게 한다. 요한복음 3장을 다시 인용해 보자.

"사람이 물과 성령으로 나지 아니하면 하나님의 나라에 들어갈 수 없느니라."(요 3:5)

물과 성령으로 거듭나다! 요한복음 3장 5절에는 새 탄생에 기여하는 두 가지를 말하고 있다. 물과 성령이 그것이다! 본문에서 '물'은 첫 번째 육체적 탄생이나 물세례를 의미하는 것으로 잘못 이해하기도 한다. 하지만 그런 해석은 문맥에 맞지 않으며 하나님의 말씀에 반대되는 단순한 전통적 해석일 뿐이다. 속지 말라. 단순한 육체적 탄생이나 교인이 될 때의 물세례로 우리는 결코 거듭나지 못하며, 하나님의 나라에 들어가지 못한다!

성경을 자세히 읽으면 다음의 사실을 곧 알게 될 것이다. 물은 하나님의 말씀의 메시지를 통해 그리스도를 믿는 이들의 깨끗하게 됨을 대표한다.

"이는 곧 물로 씻어 말씀으로 깨끗하게 하사 거룩하게 하시고."(엡 5:26)

우리가 예수 그리스도의 복된 소식과 잃어버린 죄인들이 영생을 받기 위해 거듭나야 한다는 필요성을 접하는 것은 귀한 하나님의 말씀을 통해서이다.

"너희가 거듭난 것은 썩어질 씨로 된 것이 아니요, 썩지 아니할 씨로 된 것이니 살아 있고 항상 있는 하나님의 말씀으로 되었느니라."(벧전 1:23)

이렇게 에베소서 5장 26절과 베드로전서 1장 23절에서 보면 예수님이 요한복음 3장 5절에서 "사람이 물과 성령으로 나지 아니하면 하나님의 나라에 들어갈 수 없느니라"라고 하신 뜻이 무엇인지를 알 수 있다. 우리가 구원의 메시지를 믿으면, 그 말씀은 우리의 부패한 정신에서 죄의 오염을 씻어 줄 세탁세제가 된다. 그렇게 될 때 성령이 움직이시고 우리가 하나님의 자녀로 거듭나게 되는 중생의 과정을 일으킨다.

"그들을 향하사 숨을 내쉬며 이르시되 성령을 받으라." (요 20:22)

'물과 성령으로 난다'는 것은 영적 사망의 상태에서 영적 생명의 상태로의 즉각적인 변화이다. 말씀과 그 이후 성령의 능력에 의해 물로 정결하게 된다는 것은 에스겔서 36장에서 예언되었다.

"맑은 물을 너희에게 뿌려서 너희로 정결하게 하되 곧 너희 모든 더러운 것에서와 모든 우상 숭배에서 너희를 정결하게 할 것이며 또 새 영을 너희 속에 두고 새 마음을 너희에게 주되 너희 육신에서 굳은 마음을 제거하고 부드러운 마음을 줄 것이며 내 영을 너희 속에 두어 너희로 내 율례를 행하게 하리니 너희가 내 규례를 지켜 행할지라." (겔 36:25-27)

바로 이것이 물과 성령으로 태어난다는 의미이다! 당신은 준비되었는가?

하나님의 초대를 받으라!

영생을 받는 유일한 방법은 영원한 생명으로 태어나는 것이다. 그것은 당신이 속한 종교적 교파에 가입하는 것이 아니다. 그것은 사교 모임이나 단체 가입이 아니다. 천국에 가기 위해서는 거듭나야 한다. 왜냐하면 천국은 새로운 탄생을 경험하지 못한 사람을 거부할 것이기 때문이다! 이 중요한 사실보다 우선하는 것은 아무것도 없다!

만약 당신이 아직 영적 갱생을 경험하지 못했다면, 이 책을 읽고 있는 것은 결코 우연이 아니다! 하나님은 그리스도 안에서, 그리고 그분의 성령에 의해 그분의 섭리를 통해 일하시며 우리가 복음을 듣도록 환경을 만들어 주시며, 우리의 응답을 구하신다. 그분은 우리의 마음을 '죄에 대하여, 의에 대하여, 심판에 대하여'(요 16:8) 심판하시며, 우리의 영적 필요를 아시고, 예수 그리스도 안에서 그런 필요에 대해 공급해 주심을 밝히신다.

관대하신 하나님은 예수 그리스도의 귀하신 피로 값을 치른, 공짜로 주어지는 선물인 구원을 주고자 하신다. 우리 귀하신 주님은 우리가 진 빚을 대신 갚아 주셨다. 그러나 구원은 우리의 선택에 반하여 주어지지는 않는다! 하나님께서 사랑으로 영감을 받아 그분 자신의 형상 안에서 당신을 창조하셨을 때, 당신에게 어디에서 영원을 보낼지 자유의지로 선택할 능력도 함께 주셨다. 우리는 이 의지를 우리가 믿고 생각하는 대로 사용할 수 있다. 우리의 믿음은 오직 우리에 의해서만 이루어지고 변할 수 있다.

선택에 관한 한, 하나님은 결코 예수님을 구주로 받아들이라고 강제하지 않으신다. 그분은 그저 자신의 죄를 용서받고 천국으로 가고자 하는 사람은 누구에게나 따뜻한 초청을 하신다. 그래서 사도 베드로는 사도행전 2장에서 하나님과 화해하도록 모든 사람을 초청한다.

"누구든지 주의 이름을 부르는 자는 구원을 받으

리라 하였느니라."(행 2:21)

그러나 예수님의 죽음과 부활만으로는 우리를 구원하지 않을 것이다. 우리는 그분의 구원을 받아들이고 그분의 주 되심에 순종하기로 선택해야 한다. 영적으로 죽은 사람들은 천국에 들어갈 수 없기 때문에 우리는 영생이라는 하나님의 선물을 받지 않으면, 죽어서 이 세상을 떠날 때에 영원히 빼앗기게 될 것이다. 그것은 당신이 선택하기 나름이다. 일단 천국 문 앞에 서면 그때는 어쩔 수가 없다! 나는 내가 어느 곳을 더 좋아할 것인지 알기 때문에 거듭남을 선택했다.

누군가가 당신에게 이런 질문을 할 것이다.

"구원을 받았는지 어떻게 압니까?"

"천국에 갈 것인지 어떻게 압니까?"

이런 질문에 대한 곧바로 답변할 자신이 없다면 당신은 구원받지 못한 것이다. 그러니 주의해서 들으라. 확신할 수 있는 방법은 오직 한 가지이다. 천국에 들어가는 방법도 한 가지이고, 당신이 구원받았는지를 아는 것도 한 가지 방법뿐이다.

"거듭나야 한다."

바로 예수님이 그렇게 말씀하지 않으셨나!

만약 당신이 종교가 힘든 일, 지루하고 재미없으며 혼란스럽거나 단순히 해야 할 의무라고 느껴진다면, 아마도 처음으로 다시 돌아가는 것이 좋다. 거듭나지 못한 자는 그리스도를 받아들이기 전에는 하나님 이외에는 채울 길 없는 텅 빈 공간이 그의 내면에 있는 것이다. 그가 예수님을 받아들여 다시 태어나면, 성령은 그 빈 공간에 들어가셔서 그가 전에는 느껴보지 못했던 충만한 만족감을 느끼게 하실 것이다.

구원을 위한 기도를 하라!

거듭남은 즉각적인 경험이다. 당신이 삶의 주도권을 예수님의 손에 넘겨 드리고 그분에게 용서를 구하면, 예수님은 즉시 당신에게 오셔서 당신의 모든 죄를 씻어 주신다. 죄를 회개하고 예수님이 당신을 구원할 수 있는 유일한 분으로 신뢰하는 그 순간, 당신은 거듭난다. 하나님은 당신이 이해할 수 있고 하나님의 일을 기뻐할 수 있는 영적 특성을 당신에게 주신다.

사랑하는 형제자매여, 모든 사람에게 문이 활짝 열려 있다.

"내가 문이니 누구든지 나로 말미암아 들어가면 구원을 받고"(요 10:9)

예수님은 당신의 죄로 인해 절대적인 희생을 하셨다. 사망, 지옥, 무덤, 그리고 사단과 그 마귀적 힘들은 모두 예수님이 죽음에서 승리하여 부활하셨던 그 날에 물러갔다.

하나님은 이미 당신을 알고 계신다. 당신은 그분을 알지 못해도 은혜로우신 그분은 당신의 결정을 기다리신다. 그런데 지금 당신은 그러한 선택에 직면해 있다! 당신의 나이가 열 살이건 칠십이건, 가난하거나 부유하거나, '선량한 사람'이거나 길거리의 주정뱅이라도 상관없다. 신의 눈으로 보면 사회적으로 가장 높은 위치에 있거나 가장 낮은 자리에 있어도 우리는 모두 죄인이다. 내가 구원이 필요한 죄인이라는 깨달음을 얻게 될 때, 우리는 무릎을 꿇고 거룩하신 하나님 앞에 자신을 낮추게 될 것이다. 하나님의 눈으로 내

죄를 보게 될 때, 진정으로 내 영혼이 하나님의 자비에서 멀어진 소망 없는 자요, 잃어버린 자로 보게 될 때, 우리는 내 삶에 그분의 사랑이 얼마나 필요한지 보게 될 것이며, 그분께서 오셔서 내 주님이 되시기를 간구하게 될 것이다.

"하나님의 뜻대로 하는 근심은 후회할 것이 없는 구원에 이르게 하는 회개를 이루는 것이요." (고후 7:10)

회개 행위는 하나님이 당신을 대신해서 해 줄 수 있는 결단이 아니다. 회개는 내 자신의 선택이어야 하며, 그것은 행위의 변화를 일으키는 마음의 변화를 의미한다.

"볼지어다. 내가 문 밖에 서서 두드리노니 누구든지 내 음성을 듣고 문을 열면 내가 그에게로 들어가 그와 더불어 먹고 그는 나와 더불어 먹으리라." (계 3:20)

당신은 자신의 생활에서 뭔가 빠진 것이 있음을 인정할 정도로 자기 자신에게 정직한가? 그렇다면 하나님 아버지는 당신이 예수님을 영원토록 주님이요 구주가 되어 달라는 요청을 하기를 원하신다. 이것은 축복으로, 당신을 거듭나는 경험을 하고 하나님의 독특하신 신적 성품에 참예하여 진정한 그분의 자녀가 되도록 인도하실 것이다. 자, 지금 시간을 내어 예수 그리스도께 당신의 삶으로 들어오셔서 당신을 구원해 달라는 개인적인 요청을 드리지 않겠는가? 만약 "네"라고 한다면, 나와 함께 다음과 같은 기도를 드리자.

"사랑하는 예수님, 나에게서 모든 죄를 용서해 주시길 기도합니다. 내 마음에 오셔서 내 삶의 주님이 되어 주소서. 오 주님! 당신의 귀한 피로 나를 깨끗하게 하시고, 당신의 성령으로 나를 갱생하여 주소서. 그리하여 내가 당신의 임재 안에서 깨끗하여 온전하게 설 수 있게 하소서. 나 자신을 당신께 드리오니 내 삶의 모든 날들 동안 당신을 섬기겠습니다. 내 기도를 들어주시고 나를 거듭나게 하시니 감사합니다. 예수 그리스도 이름으로 기도합니다. 아멘."

축하합니다! 당신은 이 정직하고 진지한 기도로

써 하나님의 성령의 거듭나는 경험을 하였고, 완전히 새로운 삶이 당신에게 열려 있다. 이제 당신의 이름은 어린 양의 생명책에 기록되었다. 잠깐 눈을 감고 당신의 인생을 구원하신 하나님께 감사와 찬양을 올려 드리자.

"말할 수 없는 그의 은사로 말미암아 하나님께 감사하노라."(고후 9:15)

거듭남은 인생의 경험 중에서 가장 놀라운 경험이다. 당신을 하나님과 영원히 분리하고 있던 사망의 죄에서 벗어나 하나님의 용서로 하나님과 영원한 생명으로 당신을 자유롭게 한다. 갚을 수 없는 부채에 잡혀 있던 죄가 아닌 용서가 당신을 그 부채에서 놓여나게 한다. 당신의 반역에 대해 진노하신 하나님의 노여움은 거두어지고 사망은 그 희생자를 놓아준다. 당신의 죄에 대한 모든 비난과 그 죄의 영원한 결과는 그 심판과 벌을 포함하여 그리스도 안에서 당신을 위하여 영원히 다루어질 것이다.

이제 문제는 해결되었다! 하나님의 의는 이미 그리스도의 인격 안에 있는 당신의 인생을 매순간 잡고 계시며, 그분은 더 이상 당신에게 분노하거나 화를 뿜어내지 않으신다. 이것은 무슨 의미일까? 당신은 그리스도 안에서 이미 갚은 죗값에 대해 두 번이나 심판을 받을 수 없다. 하늘의 진노를 벗은 당신은 이제 그분의 값없이 주시는 은혜 안에서, 하나님의 끝없는 아가페 사랑으로 감싼 그분의 품속에서 살고 있는 것이다.

"그러므로 이제 그리스도 예수 안에 있는 자에게는 결코 정죄함이 없나니 이는 그리스도 예수 안에 있는 생명의 성령의 법이 죄와 사망의 법에서 너를 해방하였음이라." (롬 8:1~2)

당신의 영원한 운명은 이제 영구히 그리스도 안에서 보장되었다!

새로운 삶을 살라!

거듭난 그리스도인이 된 당신은 이제 다른 사람과는 구별된다. 당신은 새롭게 창조된 존재이다. 진정한 그리스도인은 '종교적 가면'을 쓰지 않으며, 그리스도 안에서 하나님에 의해 속사람부터 완전히 변화된 '새로운 피조물'이다. 그들에게는 새 마음과 새로운 인간의 정신이 주어졌다. 그렇다. 외면적으로는 다른 사람과 같아 보이지만 그들의 마음과 정신은 신에 의해 변화를 받은 것이다.

"그런즉 누구든지 그리스도 안에 있으면 새로운 피조물이라. 이전 것은 지나갔으니 보라 새 것이 되었도다."(고후 5:17)

무슨 일이 있어도 당신의 최우선 순위는 하나님 안에서 성장하고 그분과 함께 전진하는 것이 되어야 한다. 그리스도인이 된 당신은 말씀을 듣고, 날마다 기도하며, 성경을 읽고 하나님이 당신에게 하시는 말씀을 이해하고자 하는 열망을 가져야 한다.[12] 읽기 위해서 읽는 것이 아니라 하나님의 말씀 안에서 강건해지기 위해 성령이 하시는 말씀을 진정으로 이해하기 위해 읽어야 한다.

주님과 함께하려는 당신은 어떤 것에도 방해를

---

12 "너희가 내 말에 거하면 참으로 내 제자가 되고 진리를 알지니 진리가 너희를 자유롭게 하리라."(요 8:31~32)

받지 않겠다고 결심해야 한다. 당신이 그리스도에게 당신의 삶을 드린 것은 그분에게 무조건적인 헌신을 약속한 것이다. 결혼과 마찬가지로 성경은 종종 그리스도의 몸인 우리를 하나님과 결혼한 아내에 비유한다. 이것은 평생의 약속이며, 아니 오히려 영원이라고 말해도 좋다. 그리스도인이 된 우리는 그 일이 이루어지기 위해서라면, 그 값이 무엇이건, 어떤 변화가 있어야 하건, 무슨 일이든 하겠다는 태도를 가져야 한다. 이런 믿음을 가지면 우리는 하나님의 말씀을 들을 장소를 발견할 것이며, 앞으로 나아가도록 도전받을 것이다. 당신은 세상일에서 점차 멀어짐을 경험할 것이다. 당신은 그분을 더 많이 알고 더 깊이 경험하기를 원하게 될 것이며, 그분을 더욱 갈망하며, 그 갈망을 채울 곳을 찾게 될 것이다.

구원받은 다음에는 어떤 일이 생길까?

구원을 받은 다음에는 어떤 일이 생길까? 당신은 어디로 가게 되나? 거듭난 다음에 당신이 경험할 수 있는 두 번째로 가장 놀라운 일은 성령 충만이다!

당신은 아마 이렇게 말할지도 모르겠다.

"잠깐만! 나는 거듭날 때 이미 성령을 받았는데, 같은 일을 다시 반복할 필요가 있나요?"

거듭난 후, 당신은 중생을 경험하였고 신적 성품을 나눈 자가 되어 성령의 '인치심'을 받았다. 이것이 바로 예수님이 죽은 자에서 살아나신 직후 제자들에게 일어난 일이다.

"이 말씀을 하시고 그들을 향하사 숨을 내쉬며 이르시되 성령을 받으라."(요 20:22)

거듭남으로 우리는 천국에 가겠지만, 결코 그것이 그리스도인이 지상에서 경험할 끝이 아니다. 영적 갱생을 겪은 후, 그리스도는 제자들에게 성령의 권능을 위해 예루살렘에서 기다리라고 명령하셨음에 유의하자.[13]

"볼지어다. 내가 내 아버지께서 약속하신 것을

---

13 제자들은 순종하여 기다렸다(행 2:1-4). 오순절의 세례 이후 그들은 각자의 사역을 시작하였으며, 그 후 '땅끝까지'(행 1:8) 증거하였다. 하지만 오늘날의 많은 그리스도인들은 성령 안에서의 세례도 받지 않은 채 복음을 전파하거나 선교 사역을 한다. 성령 안에서의 세례가 없으면 하나님을 섬길 수 없다는 말이 아니라 이 세례를 받아야 하고 또 빠르면 **빠를수록 좋**다는 말이다. 결국 좀 더 효과적이고 성공적으로 주님을 섬기는 것이 모든 믿는 자들의 관심사가 아니던가?

너희에게 보내리니 너희는 위로부터 능력으로 입혀질 때까지 이 성에 머물라 하시니라." (눅 24:49)

"요한은 물로 세례를 베풀었으나 너희는 몇 날이 못되어 성령으로 세례를 받으리라 하셨느니라 … 오직 성령이 너희에게 임하시면 너희가 권능을 받고" (행 1:5,8)

예수님은 승천하시기 전에 이러한 현상이 믿는 자들에게 일어날 것이라고 누가복음 24장 49절과 사도행전 1장 5절, 8절에서 예언하셨다. 그분은 제자들에게 성령이 그들에게 오실 때 권능을 받을 것이라고 말씀하시고 그것이 '아버지의 약속'이라고 하셨다. 또한 예수님은 그것을 '성령 세례'라고 하셨다. 그것은 사도행전 2장 4절에서 묘사된 대로 오십 일 후 오순절에 일어났으며, "성령으로 충만하였다"라고 한다.

모든 거듭난 신자들은 성령의 내주하심을 입는다. 그러나 모든 거듭난 신자들이 성령과 그 권능으로 '충만'하는 것은 아니다. 그렇지 않다면 우리에게 그런 명령을 하시지 않았을 것이다. 믿는 자들 가운데에서도 영적 권능이 빠져 있음이 너무나 분명히 드러난다!

거듭남과 한 걸음 더 나아가 성령으로 세례 받음

의 차이점은 무엇인가? 거듭남의 경험 안에서 성령은 거주하신다. 그러나 성령으로 세례를 받으면 성령은 당신 삶의 주권자가 되신다-당신을 더 많이 가지신다는 뜻이다. 다른 말로 풀어 보자면, 물을 한 모금 마시면 그 물이 당신 안에 들어 있는 것과 같다. 풀장으로 뛰어 들어가면 그 물속에 잠기게 된다. 이와 비슷하게 당신이 구원을 받아 거듭나면 성령의 물을 '한 모금' 마시는 것이지만, 당신이 하나님의 생수 풀장으로 뛰어들면 당신은 성령으로 세례를 받는 것(성령에 잠기는 것)이 된다.[14]

왜 아직도 머뭇거리는가? 지금이야말로 바로 당신이 이 축복을 받아들일 시간이다. 만약 당신이 진정으로 원한다면 어린이 같은 믿음으로 구하여 이렇게 말하면 그것은 하나님이 주신 유업이 된다.

"하나님 아버지가 이제 나를 당신의 성령의 권능과 불로 채우시기를 예수님의 이름으로 간구합니다. 당신의 말씀에 따라 나는 믿음으로 그것을 받은 줄로

---

14 "누구든지 목마르거든 내게로 와서 마시라. 나를 믿는 자는 성경에 이름과 같이 그 배에서 생수의 강이 흘러나오리라 하시니 이는 그를 믿는 자들이 받을 성령을 가리켜 말씀하신 것이라. 예수께서 아직 영광을 받지 않으셨으므로 성령이 아직 그들에게 계시지 아니하시더라." (요 7:37~39)

믿습니다. 주님 감사합니다. 아멘!"

성령 세례를 받음은 놀랍고도 흥분되는 경험의 시작이다. 성령의 능력이 당신 안에서 당신을 강하게 하고, 당신을 도우며, 보호하고, 당신의 필요를 공급하며, 다른 사람을 좀 더 효과적으로 그리스도에게 인도하도록 당신을 사용할 것이다. 바로 지금, 손을 들고 하나님을 경배하고 감사하라. 당신이 자신을 열어 성령의 은사를 받아들이고 하나님을 찬양할 때에 그 성령의 은사가 당신 안에서 흐르기 시작할 것이다. 성령의 아홉 가지 초자연적 은사에는 지혜의 말씀, 지식의 말씀, 믿음의 은사, 치유의 은사, 다양한 방언과 방언을 통역하는 은사, 기적, 예언과 영 분별의 은사(고전 12:8~10)가 있다.

이제 당신은 예수님과 함께하는 전혀 새로운 차원으로 들어섰다. 당신의 삶은 이제 결코 전과 같지 않을 것이다! 거듭남의 경험은 당신을 하나님의 진정한 자녀로 만들었으며, 성령의 내주하심은 당신이 하나님을 보고, 느끼고, 듣고, 만지며, 맛보게 한다.

성경은 이제 더 이상 종이에 쓰인 글자들이 아니다. 이제 성경의 말씀들이 당신에게 말을 걸고 종이에서 튀어나올 것이다. 당신은 날마다의 생활 속에서 흥분과 기쁨을 느낄 것이며, 당신의 심장 안에 하나님의 임재와 승리를 느낄 것이다.

결론

사랑하는 형제자매여! 이 책은 성령 안에서 성공적인 삶을 살기 위해 알아야 할 지식과 원리를 적어둔 것이다.[15] 당신의 개인적인 삶에서 자유함을 경험하기 시작할 때 당신은 단순히 우리의 창조주에게 영광을 돌리고 그분을 찬양하는 도구가 될 뿐만 아니라 마귀에게 고통당하는 모든 사람들을 구원하기 위해 그분의 손에 들린 도구가 될 것이다.

하나님은 우리가 그분의 사랑 넘치는 능력과 값없이 주신 은혜의 선물, 행위에 상관없이 의롭게 됨과 함께 그분의 육체적인 치료와 정신적인 구원에서 오는 자유도 받기를 원하신다. 그분은 우리가 정말로 자유하기를 원하시며, 그래서 우리가 이런 축복을 나눌 사람들을 고통에서 벗어나게 하는 일에 쓰이기를 원하신다. 이것이 신적 승리를 경험하는 일의 의미이다. 그저 이 축복을 전하기만 하자!

---

15 그 원칙이 당신에게 어떤 작용을 하도록 할 것인가에 대한 상세한 해석은 『산을 움직이는 믿음』(2009년 예영커뮤니케이션 간)이라는 책을 읽으라.

마지막 당부!

　이 책은 겨우 시작점, 작은 겨자씨에 불과하다. 지금부터 당신이 은혜와 믿음이라는 수단을 거쳐 여기에서 배운 것들을 시행하기 위한 매뉴얼로 이 책을 사용할 것인가는 당신에게 달려 있다.

　"진실로 너희에게 이르노니 만일 너희에게 믿음이 겨자씨 한 알 만큼만 있어도 이 산을 명하여 여기서 저기로 옮겨지라 하면 옮겨질 것이요 또 너희가 못할 것이 없으리라."(마 17:20)

　이제 살아 계신 예수님이 거듭나고 성령으로 충만한 당신 안에 계셔서 당신에게 힘을 주고 그분의 약속을 성취하여 현실이 되게 하기를 기다리신다. 예수 그리스도여, 어서 그리하소서!